HERBST, WINTER, GEMÜSE!

HERBST, WINTER, GEMÜSE!

ÜBERRASCHEND NEUE REZEPTE FÜR KÜRBIS, KOHL UND KNOLLE

Texte und Rezepte: Cornelia Schinharl
Fotos: Klaus-Maria Einwanger

QUALITÄTS GU GARANTIE

DIE GU-QUALITÄTS-GARANTIE

Wir möchten Ihnen mit den Informationen und Anregungen in diesem Buch das Leben erleichtern und Sie inspirieren, Neues auszuprobieren. Bei jedem unserer Bücher achten wir auf Aktualität und stellen höchste Ansprüche an Inhalt, Optik und Ausstattung. Alle Rezepte und Informationen werden von unseren Autoren gewissenhaft erstellt und von unseren Redakteuren sorgfältig ausgewählt und mehrfach geprüft. Deshalb bieten wir Ihnen eine 100 %ige Qualitätsgarantie.

Darauf können Sie sich verlassen:
Wir legen Wert darauf, dass unsere Kochbücher zuverlässig und inspirierend zugleich sind.
Wir garantieren:
- dreifach getestete Rezepte
- sicheres Gelingen durch Schritt-für-Schritt-Anleitungen und viele nützliche Tipps
- eine authentische Rezept-Fotografie

Wir möchten für Sie immer besser werden:
Sollten wir mit diesem Buch Ihre Erwartungen nicht erfüllen, lassen Sie es uns bitte wissen! Nehmen Sie einfach Kontakt zu unserem Leserservice auf. Sie erhalten von uns kostenlos einen Ratgeber zum gleichen oder ähnlichen Thema. Die Kontaktdaten unseres Leserservice finden Sie am Ende dieses Buches.

GRÄFE UND UNZER VERLAG
Der erste Ratgeberverlag – seit 1722.

INHALT

7 Vorwort

8 Das wächst bei uns im Herbst und Winter

12 DAVOR & DAZU!

So frisch schmeckt Gemüse im Winter:

Rote-Bete-Salat mit Matjes, Bruschette mit Rosenkohlpüree, Gelbe Bete im Kichererbsenteig, Asiatischer Kohlsalat mit Hühnerstreifen und vieles mehr

40 AUS DER SUPPENSCHÜSSEL!

Die wärmen in der kalten Jahreszeit:

Linsensuppe mit Rotkohl, Maronensuppe mit Chilizwiebeln, Käsesuppe mit Wirsing, Grünkohl mit Birnen und Speck und vieles mehr

REZEPT SEITE 109

REZEPT SEITE 47

72 MARKTFRISCH, OFENFRISCH!

Direkt vom Markt ab in den Ofen:

Grünkohl-Lasagne, Zuckerhut-Quiche mit Mett, Sauerkrautstrudel mit Saibling, Schwarzwurzel-Tarte-Tatin und vieles mehr

114 AUS TOPF UND PFANNE!

Farbenfrohes Gemüse für gute Laune:

Sellerie-Quark-Pflanzerl, Petersilienwurzel-Tortilla, Wirsingwickerl mit Huhn, Lammtopf mit Kürbis und Quitten und vieles mehr

156 Register

160 Impressum

Das grüne Blatt heißt fleischloser Genuss: Mit diesem Symbol sind alle vegetarischen Gerichte gekennzeichnet.

GEMÜSE IM PORTRÄT

26 Schwarzwurzel
62 Wintersalate
80 Winterportulak
106 Kürbis
128 Topinambur
148 Grünkohl

KEINE ANGST VOR KRAUT UND RÜBEN!

CORNELIA SCHINHARL

Wer jetzt im Herbst über den Wochenmarkt bummelt, der wundert sich vielleicht ein wenig: Was leuchtet da so orange, gelb, grün? Denn kaum werden die Tage ein bisschen kürzer, tauchen auf den Marktständen farbenfrohe Wurzeln, Knollen und andere Vertreter des heimischen Herbst- und Wintergemüses auf. Und nicht nur dort, auch in der Biokiste und immer öfter in der Gemüseabteilung des Supermarktes machen sich diese Farbtupfer breit.

Nach der ersten Freude über die neue Farbvielfalt stehen dann aber einige doch etwas ratlos vor dem Gemüseregal. Denn: Was tun mit sperrigen Rüben, knorrigen Knollen und erdverkrusteten Wurzeln? Ich sag's Ihnen: Mitnehmen und genießen! Denn so kompliziert, wie sie vielleicht wirken, sind diese Gemüsesorten gar nicht. Vielmehr verheißen sie – ob mit oder ohne Fleisch oder Fisch zubereitet – Hochgenuss und eine Extraportion Vitamine.

In diesem Buch zeige ich Ihnen also, wie Sie den Kürbis richtig zerlegen, wie Sie Schwarzwurzeln zu Leibe rücken – und natürlich, wie wunderbar köstlich die Gemüseküche auch in der kalten Jahreszeit sein kann.

Also: Ran an Knollen, Kraut und Rüben, und lassen Sie sich das Gemüse richtig schmecken!

Ihre

Cornelia Schinharl

... ÜBER DER ERDE

Auch wenn man denken könnte: Kohl ist gleich Kohl – so einfach ist das nicht! Denn bei uns auf den Feldern gedeiht im Herbst und Winter so allerhand.

1. ARTISCHOCKEN schmecken fein herb und leicht bitter. Im Winter interessieren uns die kleinen grünen oder violetten Sorten, die vor allem aus Italien zu uns kommen. Beim Einkauf sollten sie prall und saftig aussehen und keine braunen Blattspitzen haben. Man isst sie nach dem Putzen im Ganzen – roh oder gebraten, geschmort oder aus dem Ofen.

2. FENCHEL gibt es ja eigentlich das ganze Jahr hindurch. Aber: In den kühlen Monaten wächst er langsamer, treibt nicht so schnell aus und schmeckt zarter und aromatischer. Im Fenchelgrün stecken übrigens besonders viele Vitamine, also immer mit verwenden!

3. WURZEL– oder **WINTERSPINAT** hat im Gegensatz zum zarten Frühlings- und Herbstspinat große, kräftige und gewellte Blätter. Er wird meist mit Wurzel verkauft. Die Blätter müssen fest und knackig sein.

4. ROSENKOHL ist die Miniausgabe unter den Kohlköpfen. Er verträgt auch höhere Minusgrade, wird sogar erst durch Frost so richtig gut. Dann wandelt sich nämlich ein Teil der Stärke in Zucker um, der Kohl wird milder und bekömmlicher. Die Röschen sollen prall sein und keine gelben Blätter haben.

5. WEISSKOHL und **ROTKOHL** punkten mit einem besonders hohen Vitamin-C-Gehalt. Rotkohl hat zudem sekundäre Pflanzenstoffe wie Flavonoide zu bieten – die sind besonders gut für Herz und Kreislauf.

6. CHICORÉE wächst im Dunklen und bleibt daher hell und – für ein Zichoriengewächs – sehr mild. Zu Hause gilt: dunkel lagern! Denn Stauden, die Licht abbekommen, verfärben sich grünlich und bilden mehr Bitterstoffe als die hellen. Die Stauden sollen schön fest aussehen und keine braunen Blattränder haben.

7. RADICCHIO gibt es als runden, dicht geschlossenen Kopf, als feste Staude oder länglich mit feinen, lockeren Blättern. Letzterer ist der kostbarste und teuerste, weil er besonders edel und mild schmeckt. Radicchio sollte schöne dunkelrote Blätter mit weißen Adern haben, der mit grünen Adern schmeckt meist ziemlich bitter.

8. WIRSING enthält ebenfalls viel Vitamin C. Die Köpfe sind nicht so kompakt wie die von Weiß- und Rotkohl und deshalb lassen sich die Blätter besonders gut ablösen. Die Herbst- und Wintersorten haben kräftige dunkelgrüne Blätter und einen ausgeprägten Kohlgeschmack.

1
2
3
4
5
7
6
8

... unter der Erde

Gut versteckt wachsen Knollen und Wurzeln unterirdisch heran. Mit wem wir es da aus heimischem Anbau vor allem zu tun haben, verrate ich Ihnen hier.

1. Pastinaken sind meist größer und nach unten hin spitzer als Petersilienwurzeln. Ihr gelbliches bis weißes Fruchtfleisch schmeckt würzig und süßlich – als Rohkost, aber auch gebraten, gedünstet und als Püree.

2. Knollensellerie schmeckt paniert wie ein Schnitzel, gegart als Püree oder Suppe, aber auch gebraten oder geraspelt als Rohkost.

3. Steckrüben haben ein gelbes bis weißliches Fruchtfleisch mit einem intensiven, leicht herben Aroma. Sie schmecken gegart besser als roh, denn ihr Fruchtfleisch wird dann wunderbar cremig.

4. Petersilienwurzeln gehören in die Suppe, schmecken aber auch gebraten, gebacken, gedünstet oder als Püree. Übrigens: Wenn ich welche mit Grün bekomme, verwende ich das so wie Petersilie.

5. Meerrettich hat viel Vitamin C, wirkt antibakteriell und schleimlösend und macht das Essen besser verdaulich. Kaufen Sie am besten ein Stück der Wurzel und bewahren Sie es im Kühlschrank auf. Dann immer nur so viel schälen, wie Sie reiben wollen. Und: Beim Erhitzen verliert sich seine Schärfe, also erst ganz zum Schluss aufstreuen.

6. Rote Beten gibt es ganzjährig. Im Herbst und Winter kommen die lagerfähigen Knollen in den Handel. Seit einiger Zeit gibt es auch Gelbe und manchmal sogar Weiße oder gestreifte Beten auf dem Markt. Sie sind milder im Geschmack, zarter und in der Regel auch schneller gar. Alle Beten schmecken sowohl roh als auch gegart – und besonders gut im Ofen in Alufolie gebacken.

7. Winterrettich ist rund mit schwarzer Schale. Er ist herber als der weiße oder rote Sommerrettich und eignet sich gut zum Garen. Roh schmeckt er mit fruchtigen Zutaten wie Äpfeln und einer milden sahnigen Sauce.

8. Zwiebeln sind ganzjährig zu haben, kommen jetzt aber erntefrisch auf den Markt. Im Winter greifen wir zur roten oder braunen Zwiebel oder zur violetten Schalotte mit dem besonders feinen Aroma.

9. Möhren gibt's bei uns im Winter vor allem als feste, dicke Lagermöhren. Sie sind echte Allroundtalente und schmecken roh, gebraten, gedünstet oder gebacken. Gegen Ende des Winters kommen dann die ersten zarten Möhren aus Italien zu uns und kündigen mit ihrem frischen Grün den Frühling an.

4
2
3
1
5
6
8
7
9

DAVOR & DAZU!

Herbstgemüse schmeckt nur deftig? Von wegen! Bei mir kommen Rüben, Kohl und Co. auch gern als knackiger Salat oder feine Vorspeise auf den Tisch – sie machen sich nämlich wunderbar als exotischer Kürbissalat, feines Fenchelcarpaccio oder würziges Gelbe-Bete-Püree!

ARTISCHOCKENSALAT MIT PORTULAK UND HUHN

Für 4 Personen
Zubereitungszeit: ca. 35 Min.
Pro Portion: ca. 475 kcal

4 kleine zarte Artischocken
1 EL Zitronensaft
2 Hähnchenbrustfilets (ca. 300 g)
2 TL scharfer Senf
1 TL Ahornsirup
Salz | schwarzer Pfeffer
1 EL Butterschmalz
150 g Winterportulak
1 Orange
1 EL Weißweinessig
6 EL Olivenöl
4 EL Pinienkerne

1. Von den Artischocken so viele Blätter ablösen, bis sie sich am unteren Ende leicht beißen lassen. Das obere Ende abschneiden, den Stiel spitz zulaufend schälen (siehe S. 77). Die Artischocken der Länge nach mit einem großen, scharfen Messer in möglichst dünne Scheiben schneiden. Mit dem Zitronensaft mischen.

2. Die Hähnchenbrustfilets kalt waschen und trocken tupfen. Den Senf mit dem Ahornsirup verrühren. Das Hähnchenfleisch salzen, pfeffern und mit dem Senf einstreichen. Das Butterschmalz in einer Pfanne erhitzen und die Filets darin bei schwacher bis mittlerer Hitze pro Seite ca. 5 Min. braten. In Alufolie wickeln und ruhen lassen, bis die Artischocken gebraten sind.

3. Während das Fleisch brät, den Portulak von den welken Blättern befreien, waschen und trocken schütteln. Von der Orange die Schale so abschneiden, dass auch die weiße Haut entfernt wird. Das Fruchtfleisch zwischen den Trennhäuten herausschneiden und würfeln. Den ausgelaufenen Orangensaft mit dem Essig, Salz und Pfeffer gut verrühren. Nach und nach 4 EL Olivenöl zu einer cremigen Sauce unterschlagen.

4. Die Pinienkerne in einer Pfanne ohne Fett bei mittlerer Hitze unter Rühren goldgelb rösten. Auf einem Teller beiseitestellen. Das restliche Olivenöl in die Pfanne geben, die Artischockenscheiben hineingeben und bei mittlerer Hitze unter Rühren ca. 6 Min. bissfest und goldbraun braten. Salzen und pfeffern.

5. Den Portulak mit den Orangenstücken und der Sauce mischen und auf Teller verteilen. Das Hähnchenfleisch in dünne Scheiben schneiden und mit den Artischocken darauf anrichten. Den Salat mit den Pinienkernen bestreuen und lauwarm servieren.

SO SCHMECKT'S AUCH

Ich serviere gebratene Artischocken gerne als Beilage zu Lamm oder Rind. Dafür die in Scheiben geschnittenen Artischocken in Olivenöl braten und zum Schluss mit gehacktem Knoblauch, Petersilie oder Minze und eventuell Zitronenschale würzen.

FELDSALAT MIT PASTINAKEN-KÜRBISKERN-DRESSING

Für 4 Personen
Zubereitungszeit: ca. 30 Min.
Pro Portion: ca. 385 kcal

150 g Feldsalat
250 g Pastinaken
½ Bio-Orange
2 EL Zitronensaft
2 TL Apfeldicksaft
1 TL mittelscharfer Senf
Salz | schwarzer Pfeffer
4 EL Kürbiskernöl
4 EL Kürbiskerne
2 EL neutrales Öl

1. Den Feldsalat von allen welken Blättern befreien und in stehendem kaltem Wasser mehrmals gründlich waschen. Trocken schwenken und auf vier Teller verteilen.

2. Die Pastinaken schälen und in knapp 1 cm große Würfel schneiden. Die Orangenhälfte heiß waschen und abtrocknen, die Schale abreiben und den Saft auspressen.

3. Den Zitronensaft mit dem Apfeldicksaft, der Orangenschale, dem Senf, Salz und Pfeffer gründlich verrühren. Das Kürbiskernöl nach und nach für eine cremige Sauce unterrühren.

4. Die Kürbiskerne in einer Pfanne ohne Fett bei mittlerer Hitze rösten, bis sie leicht braun sind und sich aufblähen. Auf einem Teller beiseitestellen. Das neutrale Öl in die Pfanne geben und die Pastinaken einrühren. Bei mittlerer Hitze unter Rühren ca. 8 Min. braten, bis sie bissfest sind.

5. Die Pastinaken mit dem Orangensaft ablöschen, mit Salz und Pfeffer würzen und auf dem Feldsalat verteilen. Die Kürbiskerne aufstreuen und das Dressing gleichmäßig über den Feldsalat träufeln. Den Salat gleich servieren.

KARTOFFELDRESSING

250 g festkochende Kartoffeln in der Schale weich, aber nicht zu weich kochen. Kurz ausdampfen lassen. ½ Bio-Orange waschen, die Schale fein abreiben und den Saft auspressen. Beides mit 2 TL scharfem Senf, ½ TL Ahornsirup oder Honig, 1 EL hellem Essig, 2 EL Sahne und 2 EL Rapsöl gründlich verrühren. Die Kartoffeln schälen, klein würfeln und unter das Dressing mischen. Mit Salz und Pfeffer abschmecken und auf dem Feldsalat verteilen. Gleich servieren, denn Feldsalat welkt schnell.

FENCHELCARPACCIO MIT ORANGE

Für 4 Personen
Zubereitungszeit: ca. 20 Min.
Pro Portion: ca. 415 kcal

2 Fenchelknollen mit viel Grün
2 Orangen
1 rote Zwiebel
4 EL Pinienkerne
2 EL Zitronensaft
Salz | schwarzer Pfeffer
½ TL Honig
6 EL Olivenöl
4 EL schwarze Oliven

1. Vom Fenchel alle braunen Stellen abschneiden. Den Fenchel waschen und der Länge nach halbieren. Den Strunk aus der Mitte herausschneiden, das zarte Grün abzupfen und beiseitelegen.

2. Den Fenchel mit dem Gemüsehobel in feine Scheiben schneiden und vier Teller damit auslegen. Von den Orangen die Schale so abschneiden, dass auch die weiße Haut entfernt wird. Das Fruchtfleisch zwischen den Trennhäuten herausschneiden und klein würfeln, die Kerne dabei entfernen. Den Saft, der herausläuft, in eine kleine Schüssel geben.

3. Die Zwiebel schälen, halbieren oder vierteln und in sehr feine Streifen schneiden. Auf dem Fenchel verteilen. Die Pinienkerne in einer Pfanne ohne Fett leicht anrösten.

4. Den Zitronensaft zum Orangensaft geben und mit Salz, Pfeffer und dem Honig würzen. Das Öl nach und nach für eine cremige Sauce unterschlagen. Orangenwürfel untermischen und die Mischung gleichmäßig auf dem Fenchel verteilen. Pinienkerne und Oliven aufstreuen. Das Fenchelgrün fein hacken und ebenfalls auf dem Carpaccio verteilen.

Ich serviere das Carpaccio als Vorspeise mit Ciabatta.

KÜRBISCARPACCIO MIT GRAPEFRUIT

Für 4 Personen
Zubereitungszeit: ca. 30 Min.
Pro Portion: ca. 340 kcal

1 Stück Muskat- oder Butternut-Kürbis (ca. 500 g)
Salz
4 EL Olivenöl
½ rosa Grapefruit
1 Bund Schnittlauch
1 EL Zitronensaft
Chiliflocken nach Geschmack
2 TL Ahornsirup
50 g durchwachsener Räucherspeck
30 g Sonnenblumenkerne

1. Den Kürbis entkernen, schälen und in sehr feine Scheiben hobeln (siehe S. 113). Mit ½ TL Salz und 1 EL Olivenöl in einer Schüssel gut mischen und etwas ziehen lassen.

2. Von der Grapefruithälfte die Schale so abschneiden, dass auch die weiße Haut entfernt wird. Das Fruchtfleisch fein würfeln und den auslaufenden Saft auffangen. Den Schnittlauch waschen, trocken schütteln und in feine Röllchen schneiden. Den Zitronensaft und den Grapefruitsaft mit Chiliflocken und dem Ahornsirup verrühren. Das restliche Olivenöl nach und nach unterschlagen. Grapefruit und Schnittlauch unterrühren, alles mit Salz abschmecken.

3. Den Speck von Schwarte und Knorpeln befreien und klein würfeln. Mit den Sonnenblumenkernen in einer Pfanne unter Rühren bei mittlerer Hitze ca. 5 Min. braten, bis der Speck glasig ist und die Kerne leicht braun sind.

4. Die Kürbisscheiben dekorativ auf Teller verteilen. Die Grapefruitmischung gleichmäßig darübergeben, die Speckmischung ebenfalls darauf verteilen und das Carpaccio gleich servieren.

ROTE-BETE-SALAT MIT MATJES

Für 4 Personen
Zubereitungszeit: ca. 25 Min.
Garzeit: 40 – 60 Min.
Pro Portion: ca. 285 kcal

500 g Rote Bete
250 g Matjesfilets
2 Essiggurken
1 großer säuerlicher Apfel
1 kleine rote Zwiebel
Salz
1 Stück Meerrettichwurzel (ca. 2 cm)
1 Kästchen Gartenkresse
150 g saure Sahne
1 EL Apfelessig
schwarzer Pfeffer
gemahlener Kümmel
1 EL Walnussöl

1. Die Roten Beten in einem Topf mit Wasser bedecken, das Wasser zum Kochen bringen und die Roten Beten je nach Größe in 40 – 60 Min. weich kochen. Abgießen, kalt abschrecken und anschließend lauwarm abkühlen lassen.

2. Inzwischen die Matjesfilets und die Essiggurken in kleine Würfel schneiden. Den Apfel vierteln, schälen und vom Kerngehäuse befreien, ebenfalls in kleine Würfel schneiden. Die Zwiebel schälen und sehr fein hacken. In einer Schüssel mit etwas Salz mischen. Den Meerrettich schälen und fein reiben. Die Gartenkresse mit der Schere abschneiden. Die Roten Beten schälen, zuerst in Scheiben, dann in Stifte und zum Schluss in ca. ½ cm große Würfel schneiden.

3. Die saure Sahne mit dem Essig, Salz, Pfeffer, Meerrettich und 1 Prise Kümmel verrühren, das Öl untermischen. Rote Beten, Matjes, Essiggurken, Apfel und die Sahnesauce zur Zwiebel in die Schüssel geben und alles gründlich mischen. Den Salat abschmecken und servieren.

Der Salat schmeckt mit kräftigem Brot als Imbiss oder mit Pellkartoffeln als komplette Mahlzeit.

ROTE-BETE-SALAT MIT NÜSSEN UND FETA

600 g Rote oder Gelbe Beten wie oben beschrieben kochen, abschrecken und lauwarm abkühlen lassen. 50 g Walnusskerne in Stücke brechen und in einer Pfanne mit 1 TL Zucker leicht anrösten. 200 g Schafskäse (Feta) in Stücke brechen. 2 EL Rotweinessig mit 1 TL Quitten- oder Apfelgelee (ersatzweise Ahornsirup), Salz, Pfeffer und 1 Prise gemahlenem Koriander verrühren. 3 EL Öl und 1 EL Walnussöl unterschlagen. Die Roten Beten schälen und in Würfel schneiden. Mit den Walnüssen und der Salatsauce mischen. Den Feta locker unterheben. Den Salat bald servieren. Dazu schmeckt Fladenbrot.

CROSTINI MIT RADICCHIO UND SPECK

Für 4 Personen
Zubereitungszeit: ca. 30 Min.
Pro Portion: ca. 445 kcal

1 Radicchio (ca. 150 g)
1 große rote Zwiebel
75 g durchwachsener Räucherspeck
3 EL Olivenöl
Chiliflocken nach Geschmack
1 TL Honig
Salz
12 Scheiben Baguette oder
6 Scheiben Bauernbrot, halbiert
1 Stück Parmesan (ca. 30 g)

1. Welke Blätter vom Radicchio entfernen und den Radicchio waschen, vierteln und in Streifen schneiden. Die rote Zwiebel schälen, vierteln und in feine Streifen schneiden. Den Speck von der Schwarte und den Knorpeln befreien und zuerst in dünne Scheiben, dann ebenfalls in Streifen schneiden.

2. 2 EL Olivenöl in einer Pfanne erhitzen. Die Zwiebel und den Speck sowie die Chiliflocken einrühren und unter Rühren bei mittlerer Hitze ca. 5 Min. braten. Dann die Radicchiostreifen dazugeben und weiterbraten, bis sie zusammenfallen. Mit dem Honig und etwas Salz abschmecken.

3. Das Brot im Toaster oder im Backofen bei 250° ein paar Min. rösten. Das Radicchiogemüse mit dem übrigen Öl mischen und auf den Broten verteilen. Jeweils ein paar Parmesanspäne darüberhobeln und die Brote gleich servieren.

SO SCHMECKT'S OHNE FLEISCH

Für eine vegetarische Variante lasse ich den Speck einfach weg und mische stattdessen etwas gewürfelten Mozzarella oder Feta unter das Radicchiogemüse – passt wunderbar!

BRUSCHETTE MIT ROSENKOHLPÜREE

Für 4 Personen
Zubereitungszeit: ca. 30 Min.
Pro Portion: ca. 205 kcal

250 g Rosenkohl
1 Stück Lauch
1 EL Butter
Salz
8 Stiele Petersilie
½ Bio-Zitrone
1 EL Crème fraîche
½ TL gemahlener Koriander
schwarzer Pfeffer
12 Scheiben Vollkornbaguette oder
6 Scheiben Bauernbrot, halbiert
1 Stück Meerrettich (ca. 2 cm)

1. Den Rosenkohl waschen, von allen welken Blättern und dem Strunk befreien und klein schneiden. Das Lauchstück der Länge nach aufschneiden, gründlich waschen und ebenfalls fein schneiden. Rosenkohl und Lauch in einem Topf in der Butter andünsten. 100 ml Wasser dazugießen, das Gemüse salzen und zugedeckt bei mittlerer Hitze in ca. 5 Min. weich dünsten.

2. Inzwischen die Petersilie waschen und trocken schütteln, die Blättchen abzupfen und fein hacken. Die Zitronenhälfte heiß waschen und abtrocknen, die Schale fein abreiben.

3. Das Gemüse mit der Crème fraîche mischen und mit dem Pürierstab cremig durchmixen. Mit Petersilie und Zitronenschale, Koriander, Pfeffer und Salz abschmecken.

4. Die Brotscheiben im Toaster oder im Backofen bei 250° ein paar Min. schön knusprig rösten. Das Rosenkohlpüree auf den Broten verstreichen. Den Meerrettich schälen und über die Brote raspeln. Die Bruschette gleich servieren.

LAUCH-KÄSE-TARTELETTS MIT ZWIEBELKONFITÜRE

Für 4 Personen
Zubereitungszeit: ca. 50 Min.
Kühlzeit: 1 Std.
Backzeit: ca. 30 Min.
Pro Portion: ca. 555 kcal

Für die Tarteletts:
150 g Mehl
60 g kalte Butter
Salz
1 Eigelb
1 Stange Lauch (ca. 280 g)
80 g würziger Bergkäse
2 EL Crème fraîche
1 Ei (Größe S)
schwarzer Pfeffer
frisch geriebene Muskatnuss

Für die Konfitüre:
¼ l trockener Rotwein (ersatzweise Gemüsebrühe)
100 g Zucker
150 g rote Zwiebeln
150 g blaue Trauben
1 getrocknete Chilischote
½ TL Thymianblättchen
1 TL Zitronensaft
½ TL Honig
Salz

Außerdem:
4 kleine Tartelettförmchen (10 – 12 cm ø)

1. Für den Teig das Mehl mit der Butter in kleinen Stücken, 1 kräftigen Prise Salz und dem Eigelb mischen und zu einem glatten Teig verkneten. Den Teig vierteln, jeweils zu einer Kugel formen und jede Teigkugel in ein Tartelettförmchen drücken. Den Teig in den Förmchen ca. 1 Std. kühl stellen.

2. Für die Konfitüre den Rotwein mit dem Zucker in einem Topf aufkochen und offen bei mittlerer Hitze ca. 10 Min. kochen lassen, bis die Flüssigkeit dickflüssig wird. Inzwischen die Zwiebeln schälen, halbieren und in dünne Streifen schneiden. Die Trauben waschen und halbieren, die Kerne herauslösen. Die Chilischote fein zerkrümeln. Zwiebeln, Trauben, Chili und Thymian zum Rotwein geben und alles weitere 12–15 Min. kochen lassen, bis die Mischung dickflüssig und kompakt aussieht. Den Zitronensaft und den Honig untermischen und die Zwiebelkonfitüre mit Salz abschmecken. Den Backofen auf 200° vorheizen.

3. Für den Belag vom Lauch die Wurzel und die welken Teile abschneiden. Den Lauch der Länge nach aufschneiden und gründlich kalt waschen. Dann in feine Streifen schneiden. Wasser zum Kochen bringen und salzen, den Lauch darin 1 Min. sprudelnd kochen lassen, kalt abschrecken und abtropfen lassen.

4. Den Käse fein reiben. Die Crème fraîche mit dem Ei verrühren. Käse und Lauch untermischen und mit Salz, Pfeffer und Muskat abschmecken. Die Mischung gleichmäßig auf dem gekühlten Teig verteilen. Die Tarteletts im heißen Ofen (Mitte) 25–30 Min. backen, bis der Belag schön gebräunt ist, und mit der Zwiebelkonfitüre servieren.

PETERSILIENWURZEL-KÄSE-TARTELETTS

Den Lauch durch Petersilienwurzeln ersetzen. Diese schälen, in feine Streifen schneiden und ebenfalls kurz blanchieren. Statt Bergkäse 100 g Blauschimmelkäse würfeln und mit dem Gemüse, 50 g Sahne und dem Ei verrühren. Mit Salz und Pfeffer abschmecken und auf dem gekühlten Teig verteilen. Wie beschrieben backen.

Darf ich vorstellen:

DIE SCHWARZWURZEL

Ja, Sie haben recht: Ich möchte Sie dazu bewegen, ein Gemüse zu kaufen, an dem noch das halbe Feld hängt. Aber ich verspreche Ihnen: Das Entfernen der dicken Erdschicht lohnt sich wirklich!

TIPP

Wenn Sie einmal besonders schöne Schwarzwurzeln bekommen, können Sie sich einen Vorrat anlegen. In einer Kiste mit Sand oder lockerer Erde bedecken und an einen kühlen dunklen Ort – zum Beispiel den Keller – stellen. Dort bleiben sie mindestens einen Monat frisch.

Vielleicht überzeugt Sie der zweite Name der Schwarzwurzel? »Spargel des kleinen Mannes« klingt doch schon viel besser. Und wirklich: Schwarzwurzeln schmecken nicht nur fein würzig und nussig und haben ein angenehm festes Fruchtfleisch, sondern sie punkten auch mit wenig Kalorien, einer Menge Vitamin E und vielen Mineralstoffen. Höchste Zeit also, sich diese schwarzen Stangen mal näher anzusehen!

Die Schwarzwurzelernte ist meist im Oktober, wenn die Blätter über der Erde langsam schlapp machen. Die Wurzeln werden ausgegraben und kommen dann ungewaschen und erdig auf den Markt. Die dicke Erdschicht schützt die Wurzeln vor dem Austrocknen und erhält das volle Aroma. Kaufen Sie deshalb unversehrte Wurzeln – und je dicker die Stangen sind, desto besser liegen sie später beim Schälen in der Hand.

In der Küche erklärt sich der Name Schwarzwurzel dann gleich nochmals: Beim Schälen sondern die Wurzeln einen schnell oxidierenden Milchsaft ab – und der färbt alles braun, was mit ihm in Berührung kommt. Deshalb ziehen Sie am besten Einmalhandschuhe an, verwenden als Unterlage ein gut zu säuberndes Kunststoffbrett und legen die Wurzeln gleich nach dem Schälen in Essig- oder Zitronenwasser – dann bleibt alles schön sauber (Auf Seite 101 ist das Schälen übrigens ganz genau erklärt).

Übrigens: Der Vergleich mit Spargel kommt nicht von ungefähr! Sie können Ihre liebsten Spargelrezepte auch mit Schwarzwurzeln zubereiten. Mir schmecken »echte« Schwarzwurzelrezepte aber viel besser – wie die auf der nächsten Seite.

Schwarzwurzelsalat

Für 4 Personen
Zubereitungszeit: ca. 35 Min.
Pro Portion: ca. 155 kcal

500 g Schwarzwurzeln
Saft von 1 Zitrone
Salz
½ Bio-Orange
2 TL Mandelmus (Reformhaus oder Naturkostladen)
schwarzer Pfeffer
2 EL Öl
100 g Joghurt
1 TL scharfer Senf
Zucker
1 Kästchen Gartenkresse

1. Die Schwarzwurzeln unter fließendem Wasser abbürsten (siehe S. 101). Mit Einmalhandschuhen oder unter fließendem Wasser mit dem Sparschäler schälen. Die Enden der Schwarzwurzeln abschneiden. In einer Schüssel ca. 10 cm hoch Wasser mit der Hälfte vom Zitronensaft mischen. Die Schwarzwurzeln in ca. 4 cm lange Stücke schneiden und ins Zitronenwasser legen. In einem Topf Wasser mit Salz zum Kochen bringen. Die Schwarzwurzelstücke darin zugedeckt bei mittlerer Hitze in 10 – 15 Min. (je nach Dicke der Stücke) bissfest garen.

2. Inzwischen die Orangenhälfte heiß waschen und abtrocknen, die Schale fein abreiben. In einer Schüssel 1 EL Zitronensaft mit 2 EL Schwarzwurzelkochwasser, dem Mandelmus, der Orangenschale, Salz und Pfeffer verrühren. Das Öl unterschlagen. Die Schwarzwurzelstücke abtropfen lassen, in die Sauce geben und darin bis zum Servieren abkühlen lassen.

3. Den Joghurt mit dem Senf, Salz, Pfeffer, 1 Prise Zucker und 1 – 2 TL Zitronensaft verrühren. Die Kresse abschneiden. Die Schwarzwurzeln auf Teller verteilen, etwas Joghurtsauce darübergeben und die Kresse daraufstreuen. Gleich servieren.

GLASIERTE SCHWARZWURZELN

Für 4 Personen
Zubereitungszeit: ca. 35 Min.
Pro Portion: ca. 65 kcal

500 g Schwarzwurzeln
2 EL Butter
1 EL Zucker
1 EL Zitronensaft
Salz | schwarzer Pfeffer

1. Die Schwarzwurzeln unter fließendem Wasser möglichst sauber bürsten (siehe S. 101). In einem Topf, der so groß ist, dass die Schwarzwurzelstangen darin Platz finden, Wasser zum Kochen bringen. Die Schwarzwurzeln einlegen und ca. 10 Min. darin zugedeckt sprudelnd kochen lassen.

2. Die Schwarzwurzeln kalt abschrecken, abtropfen und lauwarm abkühlen lassen. Dann die Haut abschneiden bzw. abziehen. Die Schwarzwurzeln in ca. 4 cm lange Stücke schneiden.

3. Die Butter mit dem Zucker in einem weiten Topf zerlassen. Die Schwarzwurzelstücke dazugeben und unter Rühren bei mittlerer Hitze 3 – 4 Min. braten, bis sie goldgelb werden. Mit dem Zitronensaft ablöschen, mit Salz und Pfeffer würzen, auf Teller verteilen und servieren.

SO SCHMECKT'S MIR

Ich reiche die glasierten Schwarzwurzeln als Beilage zu Fleisch oder Fisch, aber auch zu vegetarischen Gerichten wie Kartoffelpuffern oder Getreidebratlingen.

KÜRBISSALAT MIT CHILI

Für 4 Personen
Zubereitungszeit: ca. 35 Min.
Pro Portion: ca. 350 kcal

1 kleiner Hokkaido-Kürbis (ca. 750 g)
1–2 rote Chilischoten
1 Stück Ingwer (ca. 2 cm)
2 Knoblauchzehen
1 Stück Lauch
4 EL Öl
Salz
2 EL Sesamsamen
1 Bio-Orange
1 Bio-Limette
1 TL Ahornsirup
2 TL Sesamöl
1 EL frisch gehackter Koriander

1. Den Kürbis waschen, entkernen und mit der Schale in knapp 2 cm große Würfel schneiden. Die Chilischoten waschen, vom Stiel befreien und mit den Kernen in feine Ringe schneiden. Ingwer und Knoblauch schälen und fein hacken. Den Lauch aufschneiden und gut waschen, dann in feine Streifen schneiden. In einer Pfanne 2 EL Öl erhitzen, den Kürbis einrühren, salzen und bei mittlerer Hitze unter Rühren in ca. 5 – 8 Min. bissfest braten.

2. Den Sesam in einer Pfanne ohne Fett leicht anrösten. Die Orange und die Limette heiß waschen und abtrocknen, jeweils die Hälfte der Schale abreiben und den Saft auspressen. Schale und Saft mit Ahornsirup und Salz mischen und das restliche Öl und das Sesamöl mit einer Gabel untermischen.

3. Die Chilimischung zum Kürbis geben und alles 1 – 2 Min. weiterbraten. Den Kürbis mit der Sauce mischen und abschmecken. Sesam und Koriander auf den Salat streuen. Lauwarm servieren.

SO SCHMECKT'S MIR

Ich serviere den Salat gerne als Vorspeise, pur oder mit ein paar gebratenen Garnelen. Er ist aber auch eine tolle Beilage.

SAUERKRAUTROHKOST MIT TRAUBEN

Für 4 Personen
Zubereitungszeit: ca. 20 Min.
Pro Portion: ca. 185 kcal

250 g blaue Trauben
1 kleiner säuerlicher Apfel
400 g rohes frisches Sauerkraut
1 Wacholderbeere
2 TL Apfeldicksaft
1 EL Zitronensaft
Salz | schwarzer Pfeffer
gemahlener Koriander
2 EL Traubenkernöl
2 EL saure Sahne

1. Die Trauben waschen und von den Stielen zupfen. Halbieren und nach Belieben die Kerne herauslösen. Den Apfel vierteln, schälen, vom Kerngehäuse befreien und fein raspeln. Das Sauerkraut mit zwei Gabeln zerpflücken.

2. Die Wacholderbeere sehr fein hacken und mit dem Dicksaft und dem Zitronensaft, Salz, Pfeffer und 1 Prise Koriander verrühren. Das Öl mit der sauren Sahne unterrühren. Die Trauben, die Apfelraspel und das Sauerkraut mit der Sauce mischen und abschmecken. Gleich servieren oder kurz durchziehen lassen.

ROTE-BETE-APFEL-ROHKOST

300 g Rote Beten und 2 säuerliche Äpfel schälen, vierteln, Äpfel entkernen. Beides mit der Rohkostreibe fein raspeln. Für das Dressing 1 Handvoll Walnusskerne in einer Pfanne ohne Fett 1–2 Min. unter Rühren anrösten. Hacken und im Mörser sehr fein zerdrücken. Mit der abgeriebenen Schale und dem Saft von ½ Bio-Orange, 1 EL Zitronensaft, Salz und Pfeffer verrühren. 4 EL Walnussöl untermischen und mit den Rote-Bete- und Apfelraspeln verrühren, abschmecken.

PASTINAKEN UND GELBE BETEN IN KICHERERBSENTEIG

Für 4 Personen
Zubereitungszeit: ca. 40 Min.
Pro Portion: ca. 390 kcal

150 g Kichererbsenmehl (Asien- oder Naturkostladen)
Salz
1 TL Öl
je 1 Bund Minze und Koriander
1 Stück Ingwer (ca. 2 cm)
2 Frühlingszwiebeln
1 Stück Bio-Zitronenschale (ca. 2 cm)
250 g Joghurt
Chiliflocken nach Geschmack
300 g Pastinaken
300 g Gelbe Beten (ersatzweise Möhren)
ca. ¾ l Öl zum Frittieren

1. Das Kichererbsenmehl mit 200 ml lauwarmem Wasser, 1 TL Salz und dem Öl mit dem Schneebesen zu einem dickflüssigen Teig verrühren und mindestens 15 Min. quellen lassen.

2. Die Kräuter waschen und trocken schütteln, die Blättchen abzupfen. Den Ingwer schälen, von den Frühlingszwiebeln die Wurzeln und welke Teile abschneiden, die Zwiebeln waschen und mit den Kräutern, dem Ingwer und der Zitronenschale mit einem großen, schweren Messer so fein wie möglich hacken. Mit dem Joghurt verrühren und mit Salz und Chiliflocken würzen.

3. Die Pastinaken und die Gelben Beten putzen, schälen und in mundgerechte Stücke schneiden. Das Öl in einem großen Topf erhitzen. Es ist heiß genug, wenn an einem hölzernen Kochlöffelstiel, den man hineintaucht, viele kleine Bläschen aufsteigen.

4. Den Teig noch einmal durchrühren. Das Gemüse portionsweise durch den Teig ziehen und im heißen Öl in ca. 4 Min. knusprig frittieren. Mit dem Schaumlöffel herausheben und auf einer dicken Lage Küchenpapier entfetten. Wenn alles Gemüse frittiert ist, gleich mit dem Joghurtdip servieren.

SCHWARZWURZELN IN BIERTEIG

Für den Teig 200 g Mehl mit 2 Eiern (Größe M), 1 TL Salz und ¼ l hellem Bier oder Weißbier zu einem glatten Teig verrühren, diesen 15 Min. quellen lassen. 600 g Schwarzwurzeln schälen (siehe S. 101), putzen, in 2 cm lange Stücke schneiden und in Essig- oder Zitronenwasser legen. Öl erhitzen. Die Schwarzwurzelstücke portionsweise abtropfen lassen, durch den Teig ziehen und im Öl 4 – 5 Min. frittieren. Abtropfen lassen und auf Küchenpapier entfetten. Dazu schmeckt saure Sahne, mit süßem und scharfem Senf oder geriebenem Meerrettich und Kresse gemischt und mit Salz und Pfeffer abgeschmeckt.

HÜLSENFRÜCHTE

Orientalisches Gelbe-Bete-Püree

Für 4 Personen
Zubereitungszeit: ca. 15 Min.
Garzeit: ca. 35 Min.
Pro Portion: ca. 585 kcal

500 g Gelbe Bete (ersatzweise Möhren)
Salz
50 g Walnusskerne
20 g getrocknete Cranberrys
3 EL Olivenöl
½–1 TL Harissa
1 EL Zitronensaft

Außerdem:
1 Fladenbrot mit Sesam zum Servieren

1. Die Gelben Beten schälen und in ca. 2 cm große Würfel schneiden. Mit Wasser in einen Topf geben, salzen und zugedeckt bei schwacher bis mittlerer Hitze in ca. 35 Min. weich kochen. Abgießen und kurz ausdampfen lassen.

2. Die Walnusskerne in Stücke brechen und mit den getrockneten Cranberrys, dem Olivenöl, dem Harissa und dem Zitronensaft mit den Gelben Beten in eine Schüssel geben. Alles fein pürieren und mit Salz abschmecken.

3. Das Fladenbrot im Backofen bei 200° ein paar Min. knusprig aufbacken. Mit dem Püree servieren.

Das Püree passt sehr gut auf ein Büfett. Ich stelle dann auch noch marinierte Oliven, scharf eingelegte Peperoni, Fetawürfel und eventuell geräucherte Fischfilets dazu.

Rote-Bete-Püree mit Meerrettich

Besonders gut wird dieses Püree, wenn Sie es aus gebackenem Foliengemüse zubereiten. Dafür 500 g eher kleine Rote-Bete-Knollen schälen und einzeln locker in Alufolie verpacken. Auf dem Backblech im Ofen bei 200° ca. 1 Std. backen, bis sie weich sind. Dann 1 TL Kümmelsamen in 2 EL Butter leicht anrösten. Die Roten Beten mit 50 g Crème fraîche fein pürieren, die Kümmelbutter und 2 TL frisch geriebenen Meerrettich unterrühren und das Püree mit Salz und Pfeffer abschmecken. Es schmeckt wunderbar als Beilage zu gebratenen Schweinekoteletts oder zu Kartoffelpuffern – oder einfach als Brotaufstrich.

Der Kohl wird beim Kneten so mürbe, dass er auch roh ein Genuss ist. Vor allem mit dem Hühnerfleisch und den würzig-frischen asiatischen Zutaten.

ASIATISCHER KOHLSALAT MIT HÜHNERSTREIFEN

Für 4 Personen
Zubereitungszeit: ca. 30 Min.
Pro Portion: ca. 395 kcal

½ l Hühnerbrühe
300 g Hähnchenbrustfilet
1 kleiner Weißkohl (ca. 600 g)
Salz
2 rote Chilischoten
1 Stück Ingwer (ca. 2 cm)
½ Bund Koriander
4 EL Reisessig
2 TL Zucker
6 EL neutrales Öl

1. Die Hühnerbrühe in einem Topf erhitzen, das Hähnchenfleisch hineinlegen und bei schwacher Hitze zugedeckt ca. 8 Min. in der Brühe garen. Herausnehmen und abkühlen lassen.

2. Vom Weißkohl alle welken Blätter entfernen, den Kohl vierteln und den dicken Mittelstrunk herausschneiden. Den Kohl waschen und mit dem Gemüsehobel in feine Streifen hobeln. In einer Schüssel mit 2 TL Salz mischen und kräftig kneten, bis die Streifen glasig aussehen und weicher werden.

3. Die Chilischoten waschen und den Stiel abschneiden. Dann die Schoten mit den Kernen fein hacken oder in dünne Ringe schneiden. Den Ingwer schälen und ebenfalls fein hacken. Den Koriander waschen und trocken schütteln, die Blättchen abzupfen und fein schneiden.

4. Den Essig mit 4 EL Hühnerbrühe, dem Zucker und Salz verrühren, das Öl nach und nach für eine cremige Sauce unterrühren. Das Hähnchenfleisch in feine Streifen zupfen. Mit der Sauce unter den Krautsalat mischen und abschmecken. Den Salat gleich servieren oder kurz durchziehen lassen.

Der Kohlsalat eignet sich für ein Büfett, schmeckt mir aber auch gut als kleiner Imbiss für zwischendurch.

Strunk entfernen *Schneiden Sie nur so viel vom dicken Mittelstrunk ab, dass die einzelnen Blätter noch zusammenhalten.*

Kohl zerteilen *Besonders schnell und einfach lässt sich der Kohl mit dem Gemüsehobel zerkleinern. Man kann ihn aber auch mit einem scharfen Messer mit langer Klinge in Streifen schneiden.*

Kräftig kneten *Die Kohlstreifen mit dem Salz in einer Schüssel mischen und mit den Händen kräftig kneten. Der Kohl wird schnell feucht und weicher. Wenn er leicht glasig aussieht, ist er ausreichend geknetet.*

ROTKOHL MIT QUITTEN

Für 4 Personen
Zubereitungszeit: ca. 20 Min.
Garzeit: ca. 45 Min.
Pro Portin: ca. 115 kcal

1 kleiner Rotkohl (ca. 800 g)
1 rote Zwiebel
2 Quitten
2 Bio-Orangen
1 EL Butter
1 EL brauner Zucker
¼ l Gemüsebrühe
2 Gewürznelken
4 Wacholderbeeren
1 Lorbeerblatt
Salz | schwarzer Pfeffer
2 TL Honig

1. Den Kohl von allen welken Blättern befreien, waschen und vierteln. Den Strunk aus der Mitte herausschneiden und die Viertel in feine Streifen schneiden (siehe S. 37). Die Zwiebel schälen und fein würfeln. Die Quitten mit einem Tuch abreiben, vierteln und schälen. Das harte Kerngehäuse von beiden Seiten bis zur Mitte einschneiden und abheben. Die Quitten in Spalten schneiden. 1 Orange heiß waschen und abtrocknen, die Schale fein abreiben. Den Saft beider Orangen auspressen.

2. Die Butter mit dem Zucker in einem Topf zerlassen. Die Quitten darin unter Rühren bei mittlerer Hitze 2 – 3 Min. andünsten. Kohl und Zwiebel 2 – 3 Min. mitbraten. Den Orangensaft und die Brühe dazugießen, Nelken, Wacholder und Lorbeer untermischen und den Kohl mit Salz und Pfeffer würzen. Zugedeckt bei schwacher Hitze ca. 45 Min. schmoren. Ab und zu umrühren und bei Bedarf noch etwas Brühe dazugießen.

3. Nelken, Wacholder und Lorbeer aus dem Kohl fischen. Den Rotkohl mit dem Honig und etwas Salz und Pfeffer abschmecken.

Der Kohl passt sehr gut zu Geflügel wie Brathuhn oder Ente.

ROSENKOHL IN CURRYSAHNE

Für 4 Personen
Zubereitungszeit: ca. 30 Min.
Pro Portion: ca. 230 kcal

600 g Rosenkohl
1 Stange Lauch
1 Stück Ingwer (ca. 4 cm)
2 EL Öl
2 TL scharfes Currypulver
200 ml Gemüsebrühe
½ Bund Petersilie
100 g Sahne
1 TL Zitronensaft
Salz

1. Vom Rosenkohl die welken Blätter entfernen und den Strunk abschneiden. Rosenkohl je nach Größe halbieren oder vierteln. Vom Lauch die Wurzel und die welken Teile abschneiden. Den Lauch der Länge nach halbieren und gründlich waschen. Dann in feine Streifen schneiden. Den Ingwer schälen und fein hacken.

2. Das Öl in einer großen Pfanne erhitzen. Den Rosenkohl mit Lauch und Ingwer darin unter Rühren andünsten. Das Currypulver darüberstäuben und kurz anschwitzen. Die Brühe dazugießen und das Gemüse zugedeckt bei schwacher bis mittlerer Hitze in ca. 10 Min. bissfest dünsten.

3. Inzwischen die Petersilie waschen und trocken schütteln, die Blätter abzupfen und fein hacken. Mit der Sahne unter den Rosenkohl mischen und einmal gut aufkochen. Das Gemüse mit dem Zitronensaft und Salz abschmecken und gleich servieren.

SO SCHMECKT'S MIR

Dieses Gemüse reiche ich gerne zu gebratenem Huhn oder Schweinefleisch. Vegetarier genießen es mit Pellkartoffeln oder auch mal Kartoffelpüree.

Aus der Suppenschüssel!

Die Mütze über den Ohren, den Schal fest umgewickelt – auch wenn's ein bisschen kälter wird, liebe ich den wöchentlichen Bummel über den Markt. Und wenn es dann doch mal richtig eisig wird, wärmen mich diese Suppen und Eintöpfe zu Hause garantiert schnell wieder auf!

Pastinakencremesuppe mit Chips

Für 4 Personen
Zubereitungszeit: ca. 30 Min.
Pro Portion: ca. 385 kcal

700 g Pastinaken
1 Stange Lauch
2 Wacholderbeeren
4 EL Butter
1 l Gemüsebrühe
¼ l Öl zum Frittieren
Salz
125 g Sahne
2 TL Zitronensaft
1 Stück Meerrettich (ca. 2 cm)
1 Kästchen Gartenkresse

1. Die Pastinaken schälen und das Wurzelende abschneiden. Ca. 100 g beiseitelegen, den Rest in Würfel schneiden. Vom Lauch die Wurzel und die welken Teile abschneiden. Den Lauch der Länge nach aufschneiden und gründlich waschen, auch zwischen den Schichten. Anschließend in feine Streifen schneiden. Die Wacholderbeeren fein hacken.

2. Im Suppentopf 1 EL Butter erhitzen, die Pastinakenwürfel mit dem Lauch und dem Wacholder darin andünsten. Die Brühe dazugießen und zum Kochen bringen. Die Suppe zugedeckt bei mittlerer Hitze ca. 10 Min. kochen, bis das Gemüse weich ist.

3. Inzwischen die restlichen Pastinaken auf dem Gemüsehobel der Länge nach in hauchdünne Scheiben schneiden und mit Küchenpapier gut trocken tupfen. Das Öl in einem kleinen Topf stark erhitzen, bis an einem hölzernen Kochlöffelstiel, den Sie ins heiße Fett tauchen, viele kleine Bläschen aufsteigen.

4. Die Pastinakenscheiben im Öl 3 – 4 Min. schön knusprig frittieren. Mit dem Schaumlöffel herausheben und auf einer dicken Lage Küchenpapier gut entfetten. Die Pastinaken salzen.

5. Die Sahne steif schlagen. Die Pastinaken im Topf mit dem Pürierstab fein zerkleinern. Die übrige Butter würfeln und mit dem Schneebesen nach und nach unter die Suppe mixen. Die Suppe mit Salz und dem Zitronensaft abschmecken. Den Meerrettich schälen und fein reiben, mit der Sahne mischen und mit dem Schneebesen unter die Suppe heben.

6. Die Suppe auf tiefe Teller verteilen. Die Kresse abschneiden und mit den Pastinakenchips auf die Suppe streuen. Nach Belieben noch etwas Meerrettich über die Suppe reiben. Gleich servieren.

So schmeckt's mir auch

Ich mache die Suppe auch gerne mal mit Petersilienwurzeln, Gelben Beten oder Steckrüben anstelle der Pastinaken. Die Zubereitung ändert sich dabei nicht.

WURZELGEMÜSE

Indische Linsensuppe mit Rotkohl und Cranberrys

Für 4 Personen
Zubereitungszeit: ca. 30 Min.
Pro Portion: ca. 300 kcal

1 Stück Ingwer (ca. 4 cm)
2 Knoblauchzehen
1 rote Chilischote
1 Gelbe Bete (ca. 150 g)
250 g Rotkohl
2 EL Öl
je 1 geh. TL Koriander, Kreuzkümmel, Paprikapulver und Kurkuma (alle gemahlen)
je 1 kräftige Prise Zimt- und Nelkenpulver
150 g rote oder gelbe Linsen
1 l Gemüsebrühe
40 g getrocknete Cranberrys
Salz
½ Bund Koriander
½ Bio-Zitrone
200 g Joghurt

1. Den Ingwer und den Knoblauch schälen und fein hacken. Die Chilischote waschen und den Stiel abschneiden. Die Chili mit den Kernen fein hacken. Die Gelbe Bete schälen und erst in dünne Scheiben, dann in feine Streifen schneiden. Die Rotkohlblätter waschen und in sehr feine Streifen schneiden.

2. Das Öl im Suppentopf erhitzen und das Gemüse darin unter Rühren bei mittlerer Hitze 3–4 Min. braten. Ingwer, Knoblauch und Chili kurz mitbraten. Dann alle Gewürze vermischen und einrühren. Alles ca. 1 Min. weiter braten.

3. Die Linsen einrühren und kurz andünsten. Dann die Brühe angießen und zum Kochen bringen. Die Cranberrys grob hacken und einrühren. Die Suppe salzen und zugedeckt bei schwacher Hitze ca. 15 Min. köcheln, bis die Linsen weich sind und das Gemüse bissfest gegart ist.

4. Inzwischen den Koriander waschen und trocken schütteln, die Blättchen abzupfen und fein schneiden. Die Zitronenhälfte heiß waschen und abtrocknen, die Schale fein abreiben. Beides unter den Joghurt mischen und diesen salzen. Nun die Suppe abschmecken und auf tiefe Teller verteilen. Mit etwas Joghurt garnieren, den übrigen Joghurt dazu reichen.

Orientalische Linsen-Spinat-Suppe

500 g Wurzelspinat verlesen, waschen und in kochendem Salzwasser in 1–2 Min. zusammenfallen lassen (siehe S. 87).
1 rote Zwiebel, 4 Knoblauchzehen und 1 rote Chilischote mit je ½ Bund Petersilie und Koriander fein hacken und in 2 EL Olivenöl andünsten. 150 g rote oder gelbe Linsen mit 1 EL edelsüßem Paprikapulver und ½ EL gemahlenem Kreuzkümmel dazugeben und andünsten. Mit 1 l Gemüsebrühe aufgießen und zugedeckt bei schwacher Hitze ca. 15 Min. garen. Spinat gut ausdrücken, hacken und untermischen. Die Suppe salzen. Die Kerne aus ½ Granatapfel herauslösen und aufstreuen. Die Suppe mit gehacktem Koriander garniert servieren.

Käsesuppe mit Wirsingstreifen

Für 4 Personen
Zubereitungszeit: ca. 25 Min.
Pro Portion: ca. 335 kcal

350 g Wirsingblätter, Salz
2 Schalotten
2 EL Butter | 1 EL Öl
1 TL frische oder ½ TL getrocknete Thymianblättchen
30 g Instant-Polenta
800 ml Gemüsebrühe
⅛ l trockener Weißwein (ersatzweise Gemüsebrühe)
100 g Sahne
100 g frisch geriebener Hartkäse (z. B. Manchego oder Pecorino)
schwarzer Pfeffer
2 Scheiben Toastbrot

1. Die Wirsingblätter waschen und in feine Streifen schneiden. Lange Streifen noch einmal durchschneiden. In einem Topf Wasser zum Kochen bringen und salzen. Wirsing darin 3–4 Min. sprudelnd kochen lassen, bis er bissfest ist. In ein Sieb abgießen, kalt abschrecken und abtropfen lassen.

2. Die Schalotten schälen und fein hacken. 1 EL Butter und das Öl in einem Topf erhitzen. Die Schalotten mit dem Thymian darin andünsten. Die Polenta einrühren und kurz andünsten. Die Brühe und den Wein dazugießen und zum Kochen bringen. Alles offen ca. 5 Min. bei mittlerer Hitze köcheln lassen, bis die Suppe etwas dickflüssig wird.

3. Die Sahne untermischen, dann den geriebenen Käse hinzufügen und unter Rühren schmelzen lassen. Den Wirsing wieder dazugeben und erwärmen, die Suppe mit Salz und Pfeffer abschmecken. Das Toastbrot von der Rinde befreien und in kleine Würfel schneiden. Die restliche Butter erhitzen und die Toastbrotwürfel darin bei mittlerer Hitze unter Rühren knusprig braten. Die Suppe zum Servieren auf tiefe Teller verteilen und mit den knusprigen Brotwürfeln bestreuen.

Kürbissuppe mit Croûtons

Für 4 Personen
Zubereitungszeit: ca. 25 Min.
Pro Portion: ca. 285 kcal

1 Stück Kürbis (ca. 700 g)
1 kleine mehligkochende Kartoffel
1 Zwiebel
2 Knoblauchzehen
1 getrocknete Chilischote
4 EL Butter
1 l Gemüsebrühe
½ Bio-Orange
4 Scheiben Toastbrot
1 TL Ras-el-hanout (marokkanische Gewürzmischung)
Salz
100 g Crème fraîche

1. Den Kürbis putzen, schälen und würfeln (siehe S. 113). Die Kartoffel schälen, waschen und ebenfalls würfeln. Zwiebel und Knoblauch schälen und fein schneiden. Die Chilischote im Mörser zerdrücken. 2 EL Butter im Suppentopf erhitzen. Kürbis, Kartoffel, Zwiebel, Knoblauch und Chili dazugeben und unter Rühren kurz andünsten. Die Gemüsebrühe dazugießen und zum Kochen bringen. Die Suppe zugedeckt bei schwacher Hitze ca. 15 Min. köcheln, bis der Kürbis weich ist.

2. Inzwischen die Orangenhälfte heiß waschen und abtrocknen, die Schale fein abreiben und den Saft auspressen. Das Toastbrot von der Rinde befreien und in ca. 1 cm große Würfel schneiden. Die übrige Butter in einer Pfanne erhitzen und die Brotwürfel darin bei mittlerer Hitze unter Rühren knusprig und goldbraun braten. Die Orangenschale und das Ras-el-hanout unterrühren und die Croûtons mit Salz würzen.

3. Den Kürbis in der Brühe fein pürieren, die Crème fraîche und den Orangensaft unterrühren und die Suppe mit Salz abschmecken. Die Suppe auf tiefe Teller verteilen, mit den Croûtons bestreuen und gleich servieren.

Maronensuppe mit frittierten Chilizwiebeln

Für 4 Personen
Zubereitungszeit: ca. 1 Std.
Pro Portion: ca. 380 kcal

300 g Maronen
1 Petersilienwurzel
2 Knoblauchzehen
1 Zweig Rosmarin
1 EL Butter
1 l Gemüsebrühe
2 Zwiebeln
2 getrocknete Chilischoten
ca. ½ l Öl zum Frittieren
100 g Sahne
2 EL Zitronensaft
Salz | schwarzer Pfeffer

1. Den Backofen auf 180° vorheizen. Die Maronen auf der gewölbten Seite kreuzförmig einschneiden. Auf dem Blech im Ofen ca. 15 Min. backen, bis die Haut aufplatzt.

2. Inzwischen die Petersilienwurzel putzen, schälen und klein würfeln. Den Knoblauch schälen und fein hacken. Den Rosmarin waschen und trocken schütteln, die Nadeln abzupfen und fein schneiden. Die Maronen etwas abkühlen lassen, dann die Schale abbrechen und ablösen. Dabei auch die dünne braune Haut entfernen. Die Maronen würfeln.

3. Knoblauch, Rosmarin und Petersilienwurzel in der Butter im Suppentopf andünsten. Die Maronen kurz mitbraten, die Brühe dazugießen und zum Kochen bringen. Zugedeckt bei mittlerer Hitze ca. 15 Min. kochen lassen.

4. Inzwischen die Zwiebeln schälen und in feine Ringe hobeln. Die Chilischoten im Mörser fein zerstoßen und mit den Zwiebelringen mischen. Das Öl in einem weiten Topf stark erhitzen, bis an einem hölzernen Kochlöffelstiel, den Sie hineintauchen, viele kleine Bläschen aufsteigen. Die Zwiebeln darin in zwei Portionen in 3–4 Min. knusprig frittieren. Mit einem Schaumlöffel herausheben und auf einer dicken Lage Küchenpapier entfetten.

5. Die Suppe im Topf pürieren. Die Sahne untermischen und die Suppe mit dem Zitronensaft, Salz und Pfeffer abschmecken. Die Chilizwiebeln leicht salzen. Die Suppe auf tiefe Teller verteilen und mit den Zwiebelringen garnieren.

So schmeckt's mir auch

Ich mag Maronen auch geschmort als Gemüse: 500 g Maronen wie beschrieben backen und häuten. 100 g Speckwürfel und 1 gehackte Zwiebel in einem Topf erhitzen und leicht glasig werden lassen. ½ TL Anissamen im Mörser leicht zerstoßen und dazugeben. Mit je ⅛ l Gemüsebrühe und Weißwein (oder noch mehr Brühe) aufgießen und zugedeckt bei schwacher Hitze 10 – 15 Min. schmoren.

SAUERKRAUTEINTOPF MIT SCHALOTTEN

Für 4 Personen
Zubereitungszeit: ca. 1 Std.
Pro Portion: ca. 500 kcal

1 Apfel
4 Wacholderbeeren
500 g Sauerkraut
1 EL Butter
3 EL Öl
¾ l Gemüsebrühe
1 Lorbeerblatt
Salz
edelsüßes Paprikapulver
500 g kleine Schalotten
½ TL frische Thymianblättchen
100 ml trockener Sherry (ersatzweise Gemüsebrühe)
1 EL heller Essig
2 TL Honig
300 g Chorizo (scharfe Paprikawurst)

Außerdem:
saure Sahne zum Servieren

1. Den Apfel vierteln, schälen, vom Kerngehäuse befreien und in dünne Schnitze schneiden. Die Wacholderbeeren fein hacken, das Sauerkraut mit einer Gabel zerpflücken.

2. Die Butter und 1 EL Öl in einem Topf erhitzen und den Apfel mit dem Wacholder darin andünsten. Das Sauerkraut dazugeben und mit der Brühe aufgießen. Lorbeer einlegen, Kraut mit Salz und Paprika abschmecken und zugedeckt bei schwacher Hitze in 30–40 Min. weich schmoren. Dabei ab und zu umrühren und bei Bedarf noch mehr Flüssigkeit (Brühe oder Wasser) dazugeben.

3. Inzwischen die Schalotten schälen. Das übrige Öl in einem Topf erhitzen und die Schalotten darin bei mittlerer Hitze braten, bis sie leicht braun sind. Thymian, Sherry, Essig und Honig dazugeben und die Schalotten salzen. Alles zugedeckt bei mittlerer Hitze ca. 10 Min. schmoren.

4. Die Chorizo häuten und in Scheiben schneiden, größere Scheiben vierteln. Mit den Schalotten unter das Kraut mischen und darin erwärmen. Den Eintopf abschmecken und mit saurer Sahne servieren. Bei Tisch garniert jeder seine Portion ganz nach Belieben mit einem Klecks davon.

Ich serviere dazu Bauernbrot oder knuspriges Weißbrot.

SAUERKRAUT-SELLERIE-GULASCH

Das Sauerkraut wie beschrieben mit dem Apfel und dem Wacholder anbraten und mit der Brühe ca. 20 Min. schmoren. 400 g Knollensellerie waschen und würfeln, mit 1 Stange Lauch in Streifen in 1 EL Butter und 1 EL Öl braten, bis das Gemüse leicht gebräunt ist. Je 1 geh. TL edelsüßes und rosenscharfes Paprikapulver kurz mitdünsten, unter das Kraut mischen und alles weitere 10 - 20 Min. schmoren, bis das Kraut bissfest ist. 150 g Crème fraîche untermischen, das Gemüse mit Salz und Pfeffer abschmecken und mit Kartoffelpüree servieren.

Sobanudelsuppe mit Gemüse und Wasabi

Für 4 Personen
Zubereitungszeit: ca. 30 Min.
Pro Portion: ca. 255 kcal

1 Möhre
1 Stück Steckrübe (ca. 150 g)
1 Pastinake
1 Stück Lauch (ca. 100 g)
2 Wirsingblätter
100 g Champignons
1 Stück Ingwer (ca. 2 cm)
200 g Buchweizennudeln (Soba)
Salz
1 l Gemüsebrühe
4 EL Sojasauce
ca. 2 TL Wasabipaste (grüner Meerrettich)
2 EL Reisessig oder Zitronensaft
¼ Bund Koriander

1. Die Möhre, die Steckrübe und die Pastinake putzen, schälen und der Länge nach zuerst in dünne Scheiben, dann in feine Streifen schneiden. Das Lauchstück der Länge nach aufschneiden und gründlich waschen, auch zwischen den Schichten. Den Wirsing waschen und mit dem Lauch in Streifen schneiden.

2. Die Champignons mit Küchenpapier sauber reiben und die Stielenden abschneiden. Die Pilze in dünne Scheiben schneiden. Den Ingwer schälen und in feine Streifen schneiden. Für die Nudeln Wasser zum Kochen bringen und salzen. Die Nudeln darin nach Packungsangabe bissfest kochen.

3. Gleichzeitig für das Gemüse die Gemüsebrühe mit dem Ingwer zum Kochen bringen. Das Gemüse hineingeben und offen bei mittlerer Hitze ca. 5 Min. leicht kochen lassen, bis es bissfest ist. Die Nudeln in ein Sieb abgießen, abtropfen lassen, kurz kalt abschrecken und zum Gemüse in die Brühe geben.

4. Die Sojasauce und die Wasabipaste unter die Suppe rühren. Die Suppe mit dem Essig oder Zitronensaft und eventuell Salz abschmecken. Den Koriander waschen und trocken schütteln, die Blättchen abzupfen, grob hacken und auf die Suppe streuen.

Süßsauer-scharfe Nudelsuppe

400 g Grünkohl waschen, von den Stielen streifen und grob hacken (siehe S. 55). 4 cm Ingwer schälen und in Streifen schneiden. 100 g Champignons sauber reiben, putzen und in dünne Scheiben schneiden. 1 Chilischote waschen und mit den Kernen in Ringe schneiden. 1 l Gemüsebrühe zum Kochen bringen. Grünkohl mit Ingwer, Chili und Pilzen darin ca. 10 Min. köcheln lassen. Inzwischen 200 g asiatische Weizennudeln bissfest kochen, abgießen, abschrecken und abtropfen lassen. Unter die Suppe mischen, mit 1 EL Honig, 1 EL Reisessig, ca. 2 EL Sojasauce und Salz abschmecken und mit 1 EL gehacktem Koriander bestreuen.

PILZE

Das habe ich dem norddeutschen Sommeressen »Birnen, Bohnen und Speck« abgeschaut – mit Grünkohl wird's noch mal so gut, weil der viel Geschmack hat.

Grünkohl mit Birnen und Speck

Für 4 Personen
Zubereitungszeit: ca. 30 Min.
Pro Portion: ca. 550 kcal

500 g nicht zu fetter Räucherspeck
¾ l Fleischbrühe
je 1 TL Kümmel- und Koriandersamen
700 g Grünkohl
4 feste Birnen
1 EL Zitronensaft
½ TL frische Thymianblättchen
Salz | schwarzer Pfeffer

Außerdem:
scharfer Senf zum Servieren

1. Den Speck von der Schwarte befreien und der Länge nach in 4 Scheiben schneiden. Große Scheiben noch einmal halbieren. Die Brühe mit ¼ l Wasser, Kümmel und Koriander erhitzen. Die Speckscheiben einlegen und bei schwacher Hitze offen ca. 15 Min. darin ziehen lassen.

2. Inzwischen den Grünkohl gründlich waschen und die Blätter von den Stielen abstreifen oder -schneiden. Grob zerkleinern. Die Birnen vierteln, vom Kerngehäuse befreien und schälen. Mit dem Zitronensaft beträufeln.

3. Den Grünkohl mit dem Thymian zum Speck geben und zugedeckt bei mittlerer Hitze ca. 10 Min. köcheln lassen. Die Birnen dazugeben und alles noch einmal ca. 5 Min. garen, bis der Grünkohl und die Birnen bissfest sind.

4. Die Brühe mit Salz und Pfeffer abschmecken und mit dem Speck, dem Grünkohl und den Birnen in tiefen Tellern servieren. Dazu scharfen Senf ganz nach Belieben reichen.

Zu diesem deftigen Gericht schmecken mir Salz- oder Pellkartoffeln oder ganz einfach würziges Bauernbrot.

Gründlich waschen *Um die Erd- und Sandreste zu entfernen, füllen Sie das Spülbecken oder eine große Schüssel mit kaltem Wasser und schwenken den Grünkohl darin kräftig hin und her. So oft wiederholen, bis das Wasser sauber bleibt.*

Von den Stielen lösen *Von dicken Stielen können Sie die Blätter gut mit den Fingern abstreifen. Dünne Stiele hingegen reißen leicht, von ihnen die Blätter entlang des Stiels mit einem Messer abschneiden.*

Gekonnt garen *Die Blätter sind roh ziemlich sperrig. Geben Sie den Grünkohl nach und nach in den Topf und drücken Sie die Blätter jeweils mit dem Kochlöffel in die Brühe. Sie werden schnell geschmeidig.*

Rosenkohl und Kartoffeln mit Gremolata

Für 4 Personen
Zubereitungszeit: ca. 35 Min.
Pro Portion: ca. 225 kcal

600 g Rosenkohl
500 g festkochende Kartoffeln
2 Schalotten
3 EL Butter
¼ l Gemüsebrühe
1 Bund Petersilie
1 Bio-Zitrone
2 Knoblauchzehen (am besten frische)
1 EL Olivenöl
Salz | schwarzer Pfeffer

1. Den Rosenkohl waschen, vom Strunk und allen welken Blättern befreien. Große Röschen halbieren, kleine ganz lassen. Die Kartoffeln schälen, waschen und ca. 2 cm groß würfeln. Die Schalotten schälen, halbieren und in Streifen schneiden.

2. In einem Topf 1 EL Butter zerlassen und die Schalottenstreifen darin unter Rühren andünsten. Rosenkohl und Kartoffeln dazugeben und kurz mitdünsten. Die Brühe dazugießen und zum Kochen bringen. Nun das Gemüse zugedeckt bei schwacher Hitze ca. 15 Min. kochen, bis die Kartoffeln weich sind.

3. Inzwischen die Petersilie waschen, trocken schütteln und die Blätter abzupfen. Die Zitrone heiß waschen und abtrocknen, die Schale dünn abschneiden. Den Knoblauch schälen und mit der Zitronenschale und der Petersilie fein hacken, dabei zu einer Gremolata vermischen.

4. Die übrige Butter in Würfeln, das Olivenöl und die Gremolata unter das Gemüse mischen. Salzen, pfeffern und servieren.

Schmeckt zu Lammkoteletts oder Fleischpflanzerln. Oder aber mit Ofenkäse (Feta in Scheiben schneiden, mit Olivenöl beträufeln und im Ofen erhitzen) als vegetarisches Hauptgericht.

Rosenkohl-Maronen-Topf mit Brätnockerln

500 g Maronen kreuzweise einschneiden und im Backofen bei 180° ca. 15 Min. backen. Schale und die braune Haut darunter ablösen. 500 g Rosenkohl waschen und putzen und in einem Topf in je 1 EL Butter und Öl leicht anbraten. Maronen dazugeben, mit 200 ml Gemüsebrühe aufgießen und zugedeckt bei schwacher Hitze 12 – 15 Min. dünsten, bis der Rosenkohl bissfest ist. Aus 300 g Kalbsbratwürstchen das Brät in kleinen Stücken herausdrücken. Auf das Gemüse setzen und ca. 5 Min. erwärmen und garen. Die Schale von ½ Bio-Orange fein abreiben und mit 100 g Sahne unter den Gemüsetopf mischen. Mit Salz und Pfeffer würzen und mit etwas gehackter Petersilie bestreut servieren.

DEIN PLATZ

Grünkern mit Pilzen und Spinat

Für 4 Personen
Zubereitungszeit: ca. 40 Min.
Garzeit: ca. 1 Std.
Quellzeit: ca. 1 Std.
Pro Portion: ca. 445 kcal

- 200 g Grünkernkörner
- 10 g getrocknete Steinpilze
- 250 g Champignons oder Egerlinge
- 1 EL Zitronensaft
- 1 Zwiebel
- 2 Knoblauchzehen
- ½ TL Anissamen (nach Belieben)
- 1 EL Butter
- 1 EL Öl
- 500 g Wurzelspinat
- Salz
- 150 g Crème fraîche
- schwarzer Pfeffer
- rosenscharfes Paprikapulver

1. Grünkern in einem Sieb kalt waschen und abtropfen lassen. Dann mit ½ l Wasser zum Kochen bringen und zugedeckt bei schwacher Hitze in ca. 1 Std. fast weich garen. Anschließend zugedeckt ca. 1 Std. nachquellen lassen.

2. Inzwischen die Steinpilze mit Wasser bedeckt 30 Min. quellen lassen. Die frischen Pilze sauber reiben, putzen, in dünne Scheiben schneiden und mit dem Zitronensaft mischen. Zwiebel und Knoblauch schälen und fein hacken. Die Steinpilze aus dem Wasser nehmen und klein würfeln. Das Einweichwasser durch eine Filtertüte gießen und ⅛ l abmessen. Nach Belieben die Anissamen im Mörser leicht zerstoßen.

3. Butter und Öl erhitzen. Die Pilze darin unter Rühren bei mittlerer Hitze andünsten. Zwiebel, Knoblauch und Anissamen kurz mitbraten. Grünkern abtropfen lassen und mit dem Pilzeinweichwasser untermischen. Zugedeckt bei schwacher Hitze ca. 15 Min. schmoren. Inzwischen den Spinat verlesen, waschen und in Salzwasser ca. 1 Min. zusammenfallen lassen (siehe S. 87). Kalt abschrecken, abtropfen lassen, grob hacken und mit der Crème fraîche unter den Grünkern heben, erwärmen. Mit Salz, Pfeffer und Paprika abschmecken und servieren.

GERSTENSUPPE MIT PASTINAKEN

Für 4 Personen
Zubereitungszeit: ca. 1 Std.
Pro Portion: ca. 335 kcal

1 Stange Lauch
1 Pastinake (ca. 200 g)
1 Zwiebel
75 g durchwachsener Räucherspeck
2 EL Butter
1 TL Kümmelsamen (nach Belieben)
100 g Graupen (Rollgerste)
1 ¼ l Fleisch- oder Gemüsebrühe
1 großer säuerlicher Apfel
2 TL Zitronensaft
½ TL gemahlener Koriander
50 g Sahne
Salz | schwarzer Pfeffer

1. Vom Lauch die Wurzel und die welken Teile abschneiden, die Stange der Länge nach aufschneiden und gut waschen, auch zwischen den Schichten. Den Lauch in Streifen schneiden. Die Pastinake putzen, schälen und klein würfeln. Die Zwiebel schälen und hacken. Den Speck ohne Schwarte und Knorpel klein würfeln.

2. 1 EL Butter im Suppentopf zerlassen und den Speck darin unter Rühren bei mittlerer Hitze glasig und leicht braun werden lassen. Das Gemüse, die Zwiebel und nach Belieben den Kümmel dazugeben und andünsten. Die Graupen hinzufügen und ebenfalls kurz andünsten. Die Brühe dazugießen und zum Kochen bringen. Die Suppe zugedeckt bei schwacher Hitze 40 – 45 Min. köcheln, bis die Graupen weich sind. Falls nötig, während des Garens noch etwas Brühe dazugießen.

3. Den Apfel vierteln, schälen und vom Kerngehäuse befreien. In kleine Würfel schneiden und mit dem Zitronensaft mischen. Die restliche Butter in einer Pfanne zerlassen, die Apfelwürfel darin unter Rühren anbraten. Mit Salz und dem Koriander würzen und mit der Sahne unter die Suppe mischen. Die Suppe mit Salz und Pfeffer abschmecken und auf tiefe Teller verteilen.

Eine russische Suppe, die mit Entenkeulen zu einer festlichen Angelegenheit wird. Mir schmeckt sie aber auch mit Rind oder Lamm ganz wunderbar.

Borschtsch mit Entenkeulen

Für 4 Personen
Zubereitungszeit: ca. 50 Min.
Garzeit: ca. 2 Std.
Pro Portion: ca. 690 kcal

2 Möhren
1 Stück Knollensellerie (ca. 200 g)
1 Zwiebel
2 Entenkeulen (ca. 800 g)
Salz | schwarzer Pfeffer
1 EL Öl
2 Lorbeerblätter
2 Wacholderbeeren
2 Gewürznelken
2 Rote Beten (ca. 350 g)
500 g Weiß- oder Rotkohl
1 TL getrockneter Majoran
1 TL Kümmelsamen
1 TL rosenscharfes Paprikapulver
2 – 3 EL Aceto balsamico
200 g saure Sahne

1. Die Möhren und den Sellerie putzen und schälen. Zwiebel schälen und klein würfeln. Die Entenkeulen kalt waschen und gut trocken tupfen. Mit Salz und Pfeffer einreiben.

2. Das Öl im Suppentopf erhitzen und die Entenkeulen darin rundherum bei starker bis mittlerer Hitze so lange anbraten, bis ein großer Teil des Fettes ausgetreten ist. Das Fett abgießen. Möhren, Sellerie und Zwiebel zu den Entenkeulen geben und kurz mitbraten. 1½ l Wasser aufgießen und zum Kochen bringen.

3. Lorbeer, Wacholder und Gewürznelken dazugeben und die Entenkeulen bei schwacher bis mittlerer Hitze und halb aufgelegtem Deckel ca. 1½ Std. leise köcheln lassen.

4. Dann die Roten Beten schälen und erst in dünne Scheiben, dann in feine Streifen schneiden. Die Kohlblätter waschen und dicke Blattrippen abschneiden. Kohl in Streifen schneiden. Das Gemüse in die Brühe geben und weitere 30 Min. köcheln lassen, bis es bissfest ist. Die Entenkeulen aus dem Topf nehmen. Majoran, Kümmel, Paprika und Balsamico unter die Suppe rühren und diese mit Salz abschmecken.

5. Die Entenkeulen häuten, das Fleisch von den Knochen lösen, in kleine Würfel schneiden und unter die Suppe mischen. Die saure Sahne cremig rühren, leicht salzen und dazu servieren.

Rote Beten vorbereiten *Die meisten Knollen werden gewaschen verkauft. Sollte noch Erde anhaften, diese einfach abwaschen. Dann die Beten mit einem Messer von den Wurzelenden befreien.*

Rote Beten schälen *Ziehen Sie zum Schälen Einmalhandschuhe an, denn die rote Farbe der Knollen bleibt lange an der Haut haften. Lösen Sie die dünne Haut der Knollen mit dem Sparschäler ab.*

Rote Beten schneiden *Ebenfalls wegen der intensiven Farbe nehmen Sie zum Schneiden am besten ein Kunststoffbrett, das lässt sich besser säubern – dies gilt auch für gegarte Rote Bete.*

SALAT

So kennt man die ja gar nicht!

WINTERSALATE

Ganz klar: Mit einer feinen Salatsauce mag ich sie schon lange – und Sie bestimmt auch. Aber wussten Sie, dass viele Wintersalate auch warm schmecken – dass sich der Geschmack beim Erhitzen sogar noch verbessert? Nein? Dann lassen Sie sich mal überraschen!

FAMILIENBANDE: Radicchio gibt's als runden Kopf, als länglichen **Trevisano** und als **Radicchio tardivo** mit lockeren Blättern.

RADICCHIOBLÄTTER sind eigentlich grün geädert. Erst »Nachreifen« in kühlem Wasser macht sie weiß – und den Radicchio viel milder.

Zufallsentdeckung: Belgische Bauern legten Zichorienwurzeln zum Überwintern in den Keller. Im Dunklen wuchsen zarte weiße Blätter mit gelblichen Spitzen – der **CHICORÉE** war geboren.

VIEL ZU BITTER? Wintersalate kurz in lauwarmes Wasser oder Milch legen, dann werden sie milder.

INTYBIN heißt der Stoff, der Wintersalate bitter macht. Er fördert den Stoffwechsel – besonders wichtig bei deftiger Winterkost!

Aufgepasst: Ein Salat, viele Namen – in der Schweiz heißt Radicchio auch **ROTER CHICORÉE** oder **ROTE ENDIVIE**.

Alles geht: **BRATEN, GRILLEN, SCHMOREN** – warm schmecken Wintersalate gleich noch mal so gut. Nur Feldsalat ist roh einfach am besten.

CHINAKOHL MIT CHILI UND ROSINEN

Für 4 Personen
Zubereitungszeit: ca. 25 Min.
Pro Portion: ca. 185 kcal

1 kleiner Chinakohl (ca. 300 g)
1 Zwiebel
2 Knoblauchzehen
2 rote Chilischoten
3 EL Pinienkerne
2 EL Olivenöl
50 ml Gemüsebrühe
2 EL Rosinen
2 Stiele Minze (nach Belieben)
Salz
1 EL Zitronensaft

1. Vom Chinakohl alle welken Blätter entfernen, den Kohl waschen und abtropfen lassen, dann quer in ca. 1 cm breite Streifen schneiden. Die Zwiebel schälen, vierteln und in feine Streifen schneiden. Den Knoblauch schälen und fein hacken. Die Chilischoten waschen und den Stiel abschneiden. Dann die Schoten in dünne Ringe schneiden.

2. Die Pinienkerne in einer Pfanne ohne Fett unter Rühren bei mittlerer Hitze goldbraun anrösten. Auf einem Teller beiseitestellen. Das Öl in die Pfanne geben und die Zwiebel darin 3–4 Min. dünsten. Chinakohl, Knoblauch und Chili dazugeben und alles unter Rühren weiterdünsten, bis die Kohlblätter zusammenfallen.

3. Die Brühe dazugießen und die Rosinen untermischen. Den Kohl zugedeckt weitere 2 – 3 Min. dünsten. Inzwischen nach Belieben die Minze waschen und trocken schütteln, die Blättchen abzupfen und fein hacken. Den Kohl mit Salz und Zitronensaft abschmecken und mit Pinienkernen und Minze bestreuen.

CHICORÉESUPPE MIT NUSSKERNEN

Für 4 Personen
Zubereitungszeit: ca. 25 Min.
Pro Portion: ca. 255 kcal

600 g Chicorée
1 mehligkochende Kartoffel
1 Stück Ingwer (ca. 2 cm)
3 EL Butter
800 ml Gemüsebrühe
50 g gemischte Nusskerne (z. B. gehäutete Mandeln, Haselnusskerne, Cashewnusskerne und Kürbiskerne)
100 g Crème fraîche
Salz | schwarzer Pfeffer
1 TL rosenscharfes Paprikapulver

1. Vom Chicorée alle welken Blätter entfernen. Den Chicorée waschen und in grobe Streifen schneiden. Die Kartoffel schälen, waschen und fein raspeln. Den Ingwer schälen und fein hacken. Im Suppentopf die Hälfte der Butter zerlassen, den Chicorée mit dem Ingwer darin andünsten. Die Kartoffel und die Brühe dazugeben und die Suppe zugedeckt bei mittlerer Hitze ca. 10 Min. köcheln lassen, bis die Kartoffel weich ist.

2. Inzwischen die Nusskerne mittelgrob hacken. Aus der Suppe 1 Schöpflöffel herausnehmen, die übrige Suppe im Topf fein pürieren. Die Crème fraîche und den Löffel Suppe wieder unterrühren und die Suppe mit Salz und Pfeffer abschmecken.

3. Die restliche Butter bei mittlerer Hitze zerlassen und die Nusskerne darin unter Rühren 1 – 2 Min. rösten, bis sie würzig duften. Mit dem Paprikapulver und Salz abschmecken. Die Suppe auf tiefe Teller verteilen und mit den Nusskernen garnieren.

SO SCHMECKT'S MIR AUCH

Zur Abwechslung nehme ich auch mal Endivie, Zuckerhut oder Radicchio statt des Chicorée für diese Suppe.

Gemüse-Linsen-Eintopf mit Pfannenfeta

Für 4 Personen
Zubereitungszeit: ca. 30 Min.
Garzeit: ca. 40 Min.
Pro Portion: ca. 655 kcal

300 g Gelbe Bete (ersatzweise Möhren)
300 g Knollensellerie
1 dicke Stange Lauch
2 Knoblauchzehen
1 getrocknete Chilischote
1 TL getrocknete Thymianblättchen
4 EL Olivenöl
300 g braune, schwarze oder grüne Linsen
ca. 600 ml milde Gemüsebrühe
2 TL Tomatenmark
2 EL Apfelessig
Salz | schwarzer Pfeffer
1 TL Honig
300 g Schafskäse (Feta)
2 EL Mehl
1 EL Butter

1. Die Gelbe-Bete-Knollen und den Sellerie putzen und schälen. Die Gelben Beten ca. ½ cm, den Sellerie ca. 1 cm groß würfeln. Vom Lauch die Wurzel und die welken Teile abschneiden. Den Lauch der Länge nach aufschneiden und gründlich waschen, auch zwischen den Schichten. Den Lauch in Streifen schneiden. Den Knoblauch schälen und in feine Scheiben schneiden. Die Chilischote mit dem Thymian im Mörser zerdrücken.

2. In einem Topf 2 EL Öl erhitzen. Gemüse, Knoblauch und Chilimischung darin andünsten. Die Linsen in einem Sieb kalt waschen und dazugeben. Die Brühe dazugießen und die Linsen zugedeckt bei schwacher Hitze in ca. 40 Min. weich, aber nicht zu weich garen. Bei Bedarf noch etwas Brühe (oder Wasser) dazugießen. Mit Tomatenmark, Essig, Salz, Pfeffer und Honig würzen und zugedeckt warm halten.

3. Den Feta in vier gleich große dünne Scheiben schneiden. Das Mehl in einen Teller geben und den Feta darin wenden. Überschüssiges Mehl abschütteln. Das übrige Öl und die Butter in einer Pfanne erhitzen. Die Käsescheiben darin bei starker Hitze pro Seite ca. 1 Min. braten. Den Gemüse-Linsen-Eintopf auf Teller verteilen. Jeweils 1 Käsescheibe darauf oder daneben setzen.

Linsentopf mit Rotkohl und Kürbis

300 g Rotkohl waschen, putzen und in Streifen schneiden (siehe S. 37). 1 rote Zwiebel schälen, vierteln und in Streifen schneiden. Mit dem Kohl in 2 EL Olivenöl andünsten. 400 g braune, schwarze oder grüne Linsen waschen und dazugeben. Alles mit ½ l milder Gemüsebrühe aufgießen und ca. 30 Min. garen. 300 g Hokkaido-Kürbis waschen, putzen und mit der Schale klein würfeln. Dazugeben und alles 10 Min. garen, bis Linsen und Kürbis bissfest sind. Mit 2 EL Balsamico und 1 TL Honig abschmecken und nach Belieben vor dem Servieren mit gewürfeltem Blauschimmelkäse oder mit Parmesanspänen garnieren.

Gemüse-Kokos-Ragout mit Garnelen

Für 4 Personen
Zubereitungszeit: ca. 40 Min.
Pro Portion: ca. 325 kcal

1 Winterrettich (ca. 250 g)
200 g Topinambur
200 g Möhren
200 g Weißkohl
1 Zwiebel
1 Stück Ingwer (ca. 4 cm)
4 EL Öl
1 – 2 TL rote Currypaste (je nach gewünschter Schärfe)
400 ml Kokosmilch
1 EL Fischsauce (ersatzweise helle Sojasauce)
Salz
1 Bio-Limette oder -Zitrone
300 g rohe geschälte Garnelen
schwarzer Pfeffer
50 g Kokosflocken
½ Bund Koriander

1. Den Rettich, Topinambur (siehe S. 143) und Möhren putzen, schälen und in ca. 1 cm große Würfel schneiden. Den Weißkohl waschen, von den dicken Mittelrippen befreien und in 1 cm breite Streifen schneiden (siehe S. 37). Lange Streifen noch einmal durchschneiden. Zwiebel und Ingwer schälen und fein hacken.

2. In einem großen Topf oder im Wok 2 EL Öl erhitzen. Das Gemüse mit der Zwiebel und dem Ingwer darin bei mittlerer Hitze 2 – 3 Min. unter Rühren anbraten. Die Currypaste gründlich unterrühren und 1 Min. braten. Die Kokosmilch unterrühren. Das Gemüse mit der Fischsauce und Salz abschmecken und zugedeckt bei schwacher Hitze in 8 – 10 Min. bissfest garen.

3. Inzwischen die Limette oder Zitrone heiß waschen und abtrocknen, die Schale fein abreiben und den Saft auspressen. Die Garnelen kalt waschen und trocken tupfen. Mit Salz und Pfeffer würzen und in den Kokosflocken wenden. Den Koriander waschen und trocken schütteln, die Blättchen abzupfen und fein hacken.

4. Das restliche Öl in einer Pfanne erhitzen. Die Garnelen darin bei mittlerer Hitze ca. 1 Min. braten, bis sie sich rötlich färben. Wenden und noch einmal 1 Min. braten.

5. Das Gemüse mit der Limettenschale und 2 EL Limettensaft, Salz und Pfeffer abschmecken und auf tiefe Teller oder Schüsseln verteilen. Dann mit dem Koriander bestreuen, mit den Garnelen belegen und rasch servieren.

Dazu reiche ich feinen Basmatireis.

So schmeckt's ohne Fisch

Vegetarier lassen Fischsauce und Garnelen weg und würzen das Gemüse stattdessen mit heller Sojasauce. Statt Garnelen passen Räuchertofu oder Tempeh zu dem Gemüse. Räuchertofu würfeln und auf dem Gemüse erwärmen. Tempeh in dünne Scheiben schneiden, kurz in heißem Öl frittieren, auf Küchenpapier gut entfetten und vor dem Servieren auf dem Gemüse verteilen.

Hühnertopf mit Kohl und Nudeln

Für 4 Personen
Zubereitungszeit: ca. 40 Min.
Garzeit: ca. 1 Std.
Pro Portion: ca. 500 kcal

2 Hühnerkeulen mit Schulterteil (ca. 600 g)
½ Knollensellerie
1 Möhre
1 Zwiebel
1 Stück Ingwer (ca. 2 cm)
1 TL Pfefferkörner
1 TL Wacholderbeeren
1 Lorbeerblatt
Salz
250 g Rosenkohl
150 g Wirsing
150 g Weißkohl
200 g Suppennudeln
1 Stück frischer Meerrettich (ca. 2 cm)
schwarzer Pfeffer

1. Die Hühnerkeulen kalt waschen und in einem Topf mit ca. 1 ½ l Wasser bedecken. Den Sellerie und die Möhre putzen, schälen und würfeln. Die Zwiebel mit der Schale waschen und vierteln. Den Ingwer schälen und in Scheiben schneiden.

2. Das Wurzelgemüse mit der Zwiebel, dem Ingwer, Pfeffer, Wacholder und Lorbeer zum Huhn geben. Das Wasser zum Kochen bringen, salzen und alles bei halb aufgelegtem Deckel bei schwacher Hitze ca. 1 Std. leicht köcheln lassen.

3. Inzwischen die drei Kohlsorten waschen. Vom Rosenkohl alle welken Blätter entfernen und den Strunk abschneiden. Die Kohlköpfchen vierteln. Den Wirsing und den Weißkohl von den dicken Rippen befreien und in Streifen schneiden (siehe S. 37).

4. Das Hähnchenfleisch aus der Brühe heben. Die Brühe durch ein Sieb gießen und ca. 1 l abmessen. Wieder in den Topf geben. Das Gemüse dazugeben und offen bei mittlerer Hitze in ca. 10 Min. bissfest kochen. Gleichzeitig für die Nudeln Wasser zum Kochen bringen und salzen. Die Nudeln darin nach Packungsangabe bissfest kochen, in ein Sieb abgießen und kalt abschrecken.

5. Das Hähnchenfleisch häuten und von den Knochen lösen. In kleine Stücke zupfen und mit den Nudeln zum Gemüse geben. Den Meerrettich schälen und fein raspeln. Die Suppe salzen und pfeffern, mit dem Meerrettich bestreuen und servieren.

So schmeckt's mir auch

Dieses Rezept für feinen Hühnertopf wandle ich immer wieder ab: Eher italienisch schmeckt er mit Radicchiostreifen und Kürbiswürfeln, kurz in der Brühe gegart und mit etwas Chili, Balsamico und Honig abgeschmeckt. Eine asiatische Note bekommt der Hühnertopf, wenn Sie ihn mit asiatischen Nudeln – Udon oder Soba – zubereiten, mit etwas Sojasauce abschmecken und zum Schluss feine Ingwerstreifen aufstreuen.

MARKTFRISCH, OFENFRISCH!

Ofengerichte mit Vorfreude-Garantie: Mit knackigen Wurzeln und leuchtenden Knollen im Einkaufskorb freue ich mich schon aufs Kochen. Und wenn dann der feine Duft durch die Küche zieht, dauert es nicht mehr lang, bis das Gemüse herrlich knusprig aus dem Ofen kommt ...

Gefüllte Zwiebeln mit Bergkäse

Für 4 Personen
Zubereitungszeit: ca. 50 Min.
Backzeit: ca. 40 Min.
Pro Portion: ca. 335 kcal

8 mittelgroße Zwiebeln (ca. 1 kg)
Salz
50 g gekochter Schinken
150 g würziger Bergkäse
½ Bund Petersilie
100 g Crème fraîche
2 EL Semmelbrösel
1 TL Kümmelsamen (nach Belieben)
schwarzer Pfeffer
rosenscharfes Paprikapulver
200 ml Gemüsebrühe
2 EL Butter

1. Die Zwiebeln schälen und jeweils einen Deckel abschneiden. In einem Topf Wasser zum Kochen bringen und salzen. Die Zwiebeln mit den Deckeln darin ca. 5 Min. zugedeckt vorgaren.

2. Die Zwiebeln abgießen und kurz kalt abschrecken, die Deckel beiseitelegen. Die Zwiebeln mit einem spitzen Messer bis auf 2 – 3 Schichten aushöhlen. Das ausgehöhlte Zwiebelfleisch sehr fein hacken. Den Schinken und den Käse in kleine Würfel schneiden. Die Petersilie waschen und trocken schütteln, die Blätter abzupfen und fein hacken.

3. Den Schinken, den Käse, die Petersilie, die Crème fraîche, die Semmelbrösel und 3 EL gehacktes Zwiebelfleisch nach Belieben mit dem Kümmel mischen und mit Salz, Pfeffer und 1 kräftigen Prise Paprikapulver abschmecken.

4. Den Ofen auf 180° vorheizen. Die Füllung auf die Zwiebeln verteilen und diese nebeneinander in eine ofenfeste Form setzen. Die Deckel aufsetzen. Das übrige gehackte Zwiebelfleisch mit der Brühe mischen, mit Salz und Pfeffer würzen und in der Form verteilen. Die Butter in Flöckchen auf den Zwiebeln verteilen.

5. Die gefüllten Zwiebeln im heißen Ofen (Mitte) ca. 40 Min. backen, bis sie schön gebräunt sind. Kurz ruhen lassen, dann mit dem Zwiebelgemüse aus der Form servieren.

Mir schmeckt dazu Kartoffelpüree am besten.

Rote Zwiebeln mit Spinatfüllung

8 mittelgroße rote Zwiebeln wie oben beschrieben vorbereiten und garen. 250 g Wurzelspinat verlesen, waschen und in kochendem Salzwasser zusammenfallen lassen (siehe S. 87). Abschrecken, abtropfen lassen und fein hacken. 50 g altbackenes Brot einweichen, ausdrücken und fein zerpflücken. Mit dem Spinat, 1 TL Thymianblättchen, 100 g Sahne, 100 g frisch geriebenem Parmesan und dem gehackten Zwiebelfleisch mischen. Salzen, pfeffern und in die Zwiebeln füllen. Mit 4 EL Pinienkernen bestreuen, mit Butter belegen und wie beschrieben backen.

Italienische Feinkost für Festtage: Die Artischocken schmecken als Vorspeise oder Imbiss auf Salat. Ich serviere sie auch als Beilage zu Fleischgerichten.

GRATINIERTE ARTISCHOCKEN MIT SARDELLENBRÖSELN

Für 4 Personen
Zubereitungszeit: ca. 25 Min.
Backzeit: ca. 20 Min.
Pro Portion: ca. 520 kcal

- 8 kleine zarte Artischocken
- 1 EL Zitronensaft
- 8 EL Olivenöl
- Salz
- 1 Bund Petersilie
- 4 Knoblauchzehen
- 6 getrocknete Tomaten (in Öl)
- 6 eingelegte Sardellen (in Öl)
- 80 g Semmelbrösel
- 50 g frisch geriebener Parmesan
- schwarzer Pfeffer

1. Die Artischocken waschen und die Stiele kürzen. Die äußeren Blätter abzupfen, das obere Ende der übrigen Blätter abschneiden. Die Stiele spitz zulaufend schälen. Die Artischocken längs halbieren. Heu in der Mitte mit einem kleinen Messer herausschneiden. Die Artischocken mit dem Zitronensaft mischen.

2. In einem Topf 2 EL Olivenöl erhitzen und die Artischocken darin andünsten. Dann mit ⅛ l Wasser aufgießen, salzen und zugedeckt bei schwacher Hitze ca. 5 Min. vorgaren.

3. Den Backofen auf 200° vorheizen. Die Petersilie waschen und trocken schütteln, die Blätter abzupfen und fein schneiden. Den Knoblauch schälen und durch die Presse drücken. Die Tomaten und die Sardellen abtropfen lassen und fein würfeln.

4. Die Artischocken aus der Garflüssigkeit heben, abtropfen lassen und mit den Schnittflächen nach oben nebeneinander in eine ofenfeste Form legen. Die Semmelbrösel mit dem Käse und dem restlichen Olivenöl verrühren, Petersilie, Knoblauch und die Sardellenmischung einrühren und alles mit Salz und Pfeffer abschmecken. Die Mischung auf den Artischocken verteilen.

5. Nun die Garflüssigkeit der Artischocken seitlich in die Form gießen. Die Artischocken im heißen Ofen (Mitte) ca. 20 Min. gratinieren, bis die Sardellenbrösel schön gebräunt sind. Aus dem Ofen nehmen, kurz ruhen lassen, dann servieren.

Blätter ablösen *Nach dem Waschen so viele Blätter von den Artischocken abzupfen, bis sie am unteren Ende heller und deutlich fleischiger aussehen und sich dort auch roh leicht beißen lassen.*

Enden abschneiden *Legen Sie die Artischocken dann auf das Küchenbrett und schneiden Sie das obere Ende der restlichen Blätter großzügig ab. Die verbleibenden Blätter sollten dick und fleischig sein.*

Heu eventuell entfernen *Erst nach dem Halbieren wird es sichtbar. Sehr zarte junge Artischocken haben kein Heu und können gleich verarbeitet werden. Ansonsten das Heu mit einem kleinen Messer herauslösen.*

ÄPFEL MIT KOHL-HACKFLEISCH-FÜLLUNG

Für 4 Personen
Zubereitungszeit: ca. 50 Min.
Backzeit: ca. 35 Min.
Pro Portion: ca. 395 kcal

400 g Weißkohl
Salz
2 Scheiben Toastbrot
300 g gemischtes Hackfleisch
1 Ei (Größe L)
40 g frisch geriebener Bergkäse
je 1 TL rosenscharfes und edelsüßes Paprikapulver
4 große Äpfel
1 große rote Zwiebel
1 TL getrocknete Thymianblättchen
50 g Sahne

1. Den Kohl waschen, die Blätter von den dicken Mittelrippen befreien und in feine Streifen schneiden (siehe S. 37). Wasser zum Kochen bringen und salzen, die Kohlstreifen darin ca. 1 Min. sprudelnd kochen lassen, kalt abschrecken und abtropfen lassen.

2. Das Toastbrot in lauwarmem Wasser einweichen. Gut ausdrücken, zerpflücken und mit dem Hackfleisch, dem Kohl, dem Ei und dem Käse in eine Schüssel geben. Mit Salz und beiden Sorten Paprika würzen und gründlich durchkneten.

3. Den Backofen auf 180° vorheizen. Die Äpfel waschen und quer halbieren. Das Kerngehäuse mit einem Kugelausstecher entfernen und das Fruchtfleisch bis auf einen knapp 1 cm dicken Rand aus den Äpfeln lösen. Das Fruchtfleisch fein würfeln. Die Zwiebel schälen und fein hacken, mit den Apfelwürfeln und dem Thymian mischen, salzen und in eine ofenfeste Form geben. Die Hackfleischmischung auf die Äpfel verteilen und die Äpfel nebeneinander in die Form setzen.

4. Die Äpfel im heißen Ofen (Mitte) ca. 35 Min. backen, bis sie schön gebräunt sind, und auf vier Teller verteilen. Die Apfel-Zwiebel-Mischung mit der Sahne verrühren und abschmecken, zu den Äpfeln servieren.

Dazu reiche ich ein feines Kartoffelpüree.

GEFÜLLTE ÄPFEL MIT WIRSING

500 g Wirsingblätter waschen, grob hacken und in kochendem Salzwasser ca. 2 Min. sprudelnd kochen lassen. In einem Sieb kalt abschrecken und abtropfen lassen, dann fein hacken. Nun 2 Scheiben Toastbrot einweichen, ausdrücken und zerpflücken. 150 g Feta (Schafskäse) zerkrümeln. Alles mit 1 EL Topfen oder Quark und 1 Ei (Größe M) verrühren, mit Salz und Pfeffer abschmecken. Die Äpfel aushöhlen und mit der Mischung füllen. Das ausgehöhlte Fruchtfleisch würfeln und mit 1 Stange Lauch in feinen Streifen und 200 ml Gemüsebrühe verrühren. Neben den Äpfeln verteilen. Die Äpfel wie beschrieben backen.

Darf ich vorstellen:

DER WINTERPORTULAK

Winterzeit ist Suppenzeit – und die dürfen gern wohlig-warm und deftig sein! Aber gerade im Winter freue ich mich auch über etwas frisches Grün auf meinem Teller. Da kommt mir der Winterportulak gerade recht: Dieses Kraut liebt es kalt.

Winterportulak keimt nämlich erst bei einer Temperatur unter 12 °C. Die fleischigen Blätter sind deshalb erst ab Oktober auf dem Markt zu finden und bleiben dann bis es wieder wärmer wird (also bis etwa April) erntefrisch im Angebot. Winterportulak ist eine tolle Alternative zum Feldsalat und hat ein ganz besonderes Aroma: mild-säuerlich und ein bisschen salzig – zumindest die jungen, zarten Blätter. Ältere Blätter dagegen können bitter sein, man kann sie also getrost liegen lassen.

Wie die meisten Salate macht Winterportulak nach dem Einkauf relativ schnell schlapp, deswegen sollten Sie mit der Zubereitung nicht zu lange warten. Das Portulakputzen übrigens ist ziemlich unkompliziert: Man muss noch nicht einmal die Stiele abtrennen; es reicht vollkommen aus, diese leicht einzukürzen, denn sie schmecken wie die Blätter. Ich finde, Winterportulak schmeckt roh einfach am besten. Wenn ich ihn doch erhitze, etwa für eine Sauce oder Suppe, dann darf er am Schluss wirklich nur ganz kurz mitgaren – ansonsten verliert er sein Aroma.

Übrigens: Winterportulak kann man ganz leicht selbst anbauen. Er ist nicht sonderlich anspruchsvoll, keimt sehr schnell und ist deshalb sogar für einen Kasten auf dem Balkon geeignet. Sobald es im Herbst etwas kühler wird, lege ich los – und nach etwa 4 Wochen ernte ich Portulak direkt vom Balkon!

TIPP

Wie alle zarten Salate und viele Kräuter bleibt auch Portulak in einem Plastikbeutel oder in einer gut verschließbaren Plastikdose im Kühlschrank lange frisch.

PORTULAKPESTO

Für 4 Personen
Zubereitungszeit: ca. 15 Min.
Pro Portion: ca. 435 kcal

100 g Winterportulak
50 g Kürbiskerne
1 Stück Bio-Orangenschale (ca. 2 cm)
6 EL Olivenöl
2 EL Kürbiskernöl
Salz | schwarzer Pfeffer

1. Vom Portulak alle welken Blätter entfernen. Den Portulak in stehendem kaltem Wasser gründlich waschen, trocken schütteln oder schleudern und grob hacken.

2. Die Kürbiskerne in einer Pfanne ohne Fett bei mittlerer Hitze unter Rühren rösten, bis sie sich aufblähen. Sofort herausnehmen. Das Orangenschalenstück fein hacken.

3. Den Portulak mit den Kürbiskernen, der Orangenschale und den beiden Ölsorten im Mixer fein pürieren. Zuletzt das Pesto mit Salz und Pfeffer abschmecken.

SO SCHMECKT'S MIR

Das Pesto schmeckt auf geröstetem Weißbrot zu Wein oder Bier, aber auch mit feinen Bandnudeln. Dafür rühre ich das Pesto mit ein paar Esslöffeln Nudelkochwasser in einer vorgewärmten Schüssel cremig und menge dann die abgegossenen Nudeln unter. Vor dem Servieren bestreue ich die Nudeln mit frisch geriebenem Parmesan oder Pecorino. Und noch etwas: Anstelle von Portulak mache ich das Pesto auch mal mit Feldsalat!

SOMMERSALAT

ZUTATEN (6 KLEINE PORTIONEN)

Für den Salat: je 1 Tasse gehackter Rotkohl, gehackter Babyspinat und gemischter Salat (z. B. Eichblatt, Römersalat etc.), 1 Tasse Brunnenkresse-Blätter

Für die Garnitur: ¼ Tasse Kapuzinerkresse und -blüten, 1 Handvoll Brunnenkresse- und Calendula-Blüten

Für das Dressing: 2 EL Honig, 2 EL Zitronensaft, 1 EL Apfelessig, ½ TL Kreuzkümmelpulver, 2 EL Olivenöl, Salz und Pfeffer

ZUBEREITUNG

1 In einer großen Schüssel alle Salatzutaten ohne die Blüten vermengen. Für das Dressing ebenfalls alle Zutaten verrühren, abschmecken. Salat und Dressing gut vermischen und für eine Stunde zur Seite stellen.

2 Salat in eine große Schüssel oder auf mehrere Rotkohlblätter verteilen. Mit Kapuzinerkresse und den Blüten garnieren.

KAMILLEN-COCKTAIL

ZUTATEN

Für die Eiswürfel: essbare Blüten und Blätter (z. B. Hornveilchen, Lavendel oder Minze), Eiswürfelbehälter

Für den Sirup: ½ Tasse getrocknete oder frische Kamillenblüten oder 2 Kamillen-Teebeutel, ½ Tasse Honig

Für den Cocktail: 3 EL Kamillensirup, ⅓ Tasse Sekt, Tonic Water, 1 Limette

ZUBEREITUNG

1 In jede Kammer des Eiswürfelbehälters eine Blüte oder ein Blatt legen, mit Wasser auffüllen und einfrieren.

2 Für den Sirup alle Zutaten in einen kleinen Topf geben und bei schwacher Hitze ca. 15 Minuten leicht köcheln lassen. Vom Herd nehmen, durch ein Sieb abseihen und abkühlen lassen.

3 Den Sirup mit dem Sekt in ein Glas gießen. Mit Tonic auffüllen und einen Spritzer Limette zugeben. On top ein paar Blüten-Eiswürfel in das Glas geben.

FOTOS WARREN HEATH/BUREAUX.CO.ZA **STYLING** SVEN ALBERDING/BUREAUX.CO.ZA **TEXTRECHERCHE** VICKI SLEET/BUREAUX.CO.ZA

SUMMER ROLLS

ZUTATEN (6 STÜCK)

6 Blatt Reispapier (rund), eine Auswahl essbarer Blüten, 1 Avocado (schmale Spalten), 1 Handvoll grober Spinat in Streifen, ½ Tasse fein abgeschälte Gurkenstreifen, Sprossen, je ½ Tasse Rotkohl, ½ Tasse Karotten und ½ Tasse gelbe Paprika, in schmale Streifen geschnitten

ZUBEREITUNG

1 Die Reispapierblätter kurz in einer Schüssel mit Wasser einweichen, bis sie transparent sind.

2 Je ein Reisblatt auf einem Holzbrett ausbreiten und mit den Zutaten belegen. Mit den hübschen Blüten außen beginnen, sodass sie später auch gut zu sehen sind.

3 Die kurzen Enden des Reispapiers über der Füllung einklappen, dann vorsichtig aufrollen, bis ein schönes, festes Paket entsteht. Mit einer süßen Chili-Sauce servieren.

HOLIDAY *Special*

SOMMER ZUM SPRÜHEN

Diese NEUEN DÜFTE sorgen bei uns in der Redaktion für echte Wellen der Begeisterung! Neun Redakteurinnen verraten, welcher Newcomer ihre Lieblings-Begleitung ist

KAROTTEN-KUCHEN

ZUTATEN

2 Eier, 2 Tassen Zucker, 6 TL Zimt, 2 Tassen Pflanzenöl,
3 Tassen Mehl, 6 TL Backpulver, 1 Prise Salz, 1 Tasse Rosinen,
4 Tassen geriebene Karotten

Für die Füllung & das Topping: Sahne oder Cremefüllung,
1 Schale gewürfelte Erdbeeren, essbare Blüten

ZUBEREITUNG

1 Die Eier zusammen mit dem Zucker cremig schlagen. Nach und nach die restlichen Zutaten zugeben. Zum Schluss die Karotten unterheben.

2 Den Teig auf zwei gefettete runde Kuchenformen verteilen. Im vorgeheizten Ofen bei 180 Grad für ca. 40 Minuten backen.

2 Während der Kuchen abkühlt, für die Füllung eine Creme zubereiten (alternativ Sahne mit etwas Zucker steif schlagen). Den ersten Kuchen damit bestreichen und mit Erdbeeren belegen. Den zweiten Kuchen drauflegen und ebenfalls mit der Füllung bestreichen. Mit Erdbeeren und Blüten garnieren.

Portulaksalat mit Granatapfel

Für 4 Personen
Zubereitungszeit: ca. 25 Min.
Pro Portion: ca. 305 kcal

50 g Walnusskerne
¼ TL Koriandersamen
½ Bio-Orange
1 EL Zitronensaft
1 TL Meerrettich (aus dem Glas)
2 EL Walnussöl
2 EL Sonnenblumenöl
Salz | schwarzer Pfeffer
150 g Winterportulak
1 Granatapfel

1. Die Walnusskerne in kleine Stücke brechen und ca. 1 EL beiseitelegen. Die übrigen Kerne in einer Pfanne bei mittlerer Hitze mit den Koriandersamen anrösten, bis sie fein duften. Dann alles im Mörser so fein wie möglich zerstoßen.

2. Die Orangenhälfte heiß waschen und abtrocknen, die Schale fein abreiben und den Saft auspressen. Den Orangensaft mit dem Zitronensaft, dem Meerrettich und den zerstoßenen Walnusskernen verrühren, die beiden Ölsorten untermischen. Die Sauce mit Salz und Pfeffer abschmecken.

3. Vom Portulak alle welken Blätter entfernen, den Portulak waschen und trocken schütteln. Den Granatapfel halbieren, in Stücke brechen und die Kerne über einer Schüssel aus den Häuten lösen. Kerne und auslaufenden Saft in der Schüssel auffangen. Den Portulak und die Walnusssauce dazugeben und alles locker miteinander mischen. Den Salat auf Teller verteilen, mit den übrigen Walnusskernen bestreuen und rasch servieren.

So schmeckt's mir auch

Kleine Ziegenkäse mit Olivenöl bepinseln und im Ofen bei 250° in ca. 4 Min. leicht braun backen. Neben den Salat setzen.

Zuckerhut-Quiche mit Mett

Für 1 Quicheform (30 cm ø | 12 Stücke)
Zubereitungszeit: ca. 1 Std. 15 Min.
Backzeit: ca. 45 Min.
Pro Stück: ca. 375 kcal

Für den Teig:
250 g Mehl | 1 TL Salz
125 g Butter
Butter für die Form

Für den Belag:
500 g Zuckerhutblätter
Salz | schwarzer Pfeffer
200 g Schweinemett (ersatzweise rohe Bratwürste)
1 TL edelsüßes Paprikapulver
1 Prise rosenscharfes Paprikapulver
150 g würziger Bergkäse
250 g Crème fraîche
3 Eier (Größe M)

1. Für den Teig das Mehl mit dem Salz mischen. Die Butter klein würfeln, mit ca. 4 EL eiskaltem Wasser dazugeben und alles zu einem glatten Teig verkneten. Zu einer Kugel formen und zwischen zwei Lagen Backpapier zu einem runden dünnen Teigfladen ausrollen. Das obere Papier abziehen. Die Quicheform mit Butter ausstreichen. Den Teig hineinstürzen und die Form damit auskleiden. Ca. 1 Std. kühl stellen.

2. Inzwischen für den Belag den Zuckerhut waschen und grob hacken. In einem Topf Wasser zum Kochen bringen und salzen. Den Zuckerhut darin in ca. 1 Min. zusammenfallen lassen. Kalt abschrecken, abtropfen lassen und sehr gut ausdrücken. Den Backofen auf 180° vorheizen. Das Mett in kleine Stücke teilen (die Bratwürste in kleinen Stücken aus der Haut drücken) und mit dem Zuckerhut mischen, mit Salz, Pfeffer und den beiden Paprikasorten würzen. Auf dem Teigboden verteilen.

3. Den Käse fein reiben, mit der Crème fraîche und den Eiern verrühren und mit Salz und Pfeffer würzen. Auf der Zuckerhutmischung verteilen. Die Quiche im Ofen (Mitte) ca. 45 Min. backen, bis sie schön gebräunt ist. Herausnehmen, kurz ruhen lassen, in Stücke schneiden und servieren.

PETERSILIENWURZEL-SPINAT-QUICHE

Für 1 Quicheform (30 cm ø | 12 Stücke)
Zubereitungszeit: ca. 45 Min.
Backzeit: ca. 40 Min.
Pro Stück: ca. 205 kcal

4 dünne Blätter Yufkateig (türkisches Lebensmittelgeschäft, ca. 150 g)
40 g Butter
500 g Wurzelspinat | Salz
250 g Petersilienwurzeln
200 g Schafskäse (Feta)
2 EL grüne entsteinte Oliven
2 eingelegte scharfe Peperoni
2 Knoblauchzehen
½ TL frische Thymianblättchen
300 g saure Sahne
3 Eier (Größe M) | Zucker

1. Die Teigblätter vorsichtig auseinander lösen und in der Größe der Form zuschneiden. Die Butter zerlassen. Die Form leicht buttern, dann ein Teigblatt nach dem anderen in die Form geben und jeweils mit zerlassener Butter bestreichen.

2. Den Spinat verlesen, waschen und in kochendem Salzwasser in ca. 1 Min. zusammenfallen lassen (siehe S. 97). In ein Sieb abgießen, kalt abschrecken und abtropfen lassen. Die Petersilienwurzeln putzen, schälen und mit der Rohkostreibe fein raspeln. Den Schafskäse zerkrümeln. Oliven und Peperoni grob hacken. Den Knoblauch schälen und fein hacken.

3. Den Backofen auf 200° vorheizen. Den Spinat gut ausdrücken, grob hacken und mit den Petersilienwurzeln, dem Käse, den Oliven, Peperoni, Knoblauch und Thymian mischen und salzen. Auf dem Teig verteilen. Die saure Sahne mit den Eiern verquirlen und mit Salz und etwas Zucker abschmecken. Diese Mischung auf das Gemüse gießen. Die Quiche im Ofen (Mitte) in ca. 40 Min. goldbraun backen. Herausnehmen, kurz ruhen lassen, in Stücke schneiden und servieren.

Diese aromatischen, knusprig gebackenen Steckrüben vertragen sich ganz wunderbar mit dem würzig-frischen Spinatjoghurt-Dip!

STECKRÜBEN-WEDGES MIT SPINATJOGHURT

Für 4 Personen
Zubereitungszeit: ca. 40 Min.
Pro Portion: ca. 385 kcal

1 Steckrübe (ca. 1 kg)
4 EL Öl
Fleur de Sel
Chiliflocken nach Geschmack
500 g Wurzelspinat
Salz
2 Frühlingszwiebeln
30 g gemahlene Walnüsse
400 g Joghurt
1 TL Zitronensaft
schwarzer Pfeffer

1. Den Backofen auf 200° vorheizen. Das Backblech mit Backpapier auslegen. Die Steckrübe schälen, vierteln und in gut 1 cm dicke Spalten schneiden. Das Öl, Salz und Chiliflocken in einer Schüssel gründlich mit den Steckrüben mischen.

2. Die Steckrübenspalten auf dem Backpapier verteilen und im heißen Ofen (Mitte) 20 – 25 Min. backen, bis sie gar und knusprig sind. Zwischendurch ein- bis zweimal durchrühren.

3. Inzwischen den Spinat verlesen, waschen und gut abtropfen lassen. Wasser zum Kochen bringen und salzen, den Spinat darin in ca. 2 Min. zusammenfallen lassen. In einem Sieb gründlich kalt abschrecken und abtropfen lassen.

4. Die Frühlingszwiebeln waschen, die Wurzeln und welke grüne Teile abschneiden, die Zwiebeln in feine Ringe schneiden. Die gemahlenen Walnüsse in einer Pfanne ohne Fett bei mittlerer Hitze unter Rühren leicht rösten. In eine Schüssel geben.

5. Den Spinat gut ausdrücken und fein hacken, mit den gerösteten Walnüssen unter den Joghurt rühren und mit dem Zitronensaft, Salz und Pfeffer abschmecken. Den Spinatjoghurt zu den Steckrüben-Wedges servieren.

Dazu reiche ich außerdem Brot und einen Salat.

APFEL-DATTEL-JOGHURT

Statt Spinat 2 säuerliche Äpfel schälen und grob raspeln. Mit 4 gewürfelten Datteln und 30 g gemahlenen Walnüssen unter den Joghurt mischen, salzen und pfeffern.

Spinat verlesen *Winterspinat hat dickere, größere Blätter, die meist mit der Wurzel verkauft werden, weshalb er auch Wurzelspinat heißt. Wurzeln und dicke Stiele abknipsen, welke Blätter aussortieren.*

Spinat waschen *Weil sich in den Blättern Sand und Erde sammelt, muss Wurzelspinat gut gewaschen werden. Am besten schwenken Sie ihn in stehendem kaltem Wasser gründlich durch – falls nötig, das Wasser mehrmals erneuern.*

Spinat blanchieren *Damit er seine Farbe behält, wird Spinat in reichlich kochendem Wasser nur so kurz gekocht – blanchiert –, bis die Blätter zusammenfallen. In einem Sieb gut abschrecken und abtropfen lassen, evtl. mit den Händen ausdrücken.*

PASTINAKEN-MÖHREN-AUFLAUF MIT NÜSSEN

Für 4 Personen
Zubereitungszeit: ca. 25 Min.
Backzeit: ca. 40 Min.
Pro Portion: ca. 695 kcal

400 g Möhren (gelbe, rote oder auch weiße)
400 g mittelgroße Pastinaken
Salz
4 Zweige Rosmarin
4 Knoblauchzehen
1 Stück Bio-Orangenschale (ca. 4 cm)
100 g Haselnuss-, Walnuss- oder Sonnenblumenkerne
150 g würziger Bergkäse
200 g Crème fraîche
4 Eier (Größe M)
schwarzer Pfeffer
rosenscharfes Paprikapulver

Außerdem:
2 EL Butter für die Form und zum Belegen

1. Die Möhren und die Pastinaken putzen, schälen und der Länge nach vierteln. In einem weiten Topf ca. 5 cm hoch Wasser zum Kochen bringen und salzen. Das Wurzelgemüse darin bei starker Hitze zugedeckt ca. 1 Min. sprudelnd kochen lassen. Eine flache ofenfeste Form mit Butter ausstreichen.

2. Das Gemüse mit dem Schaumlöffel aus dem Wasser heben und in die Form geben. Den Backofen auf 200° vorheizen. Den Rosmarin waschen und trocken schütteln, die Nadeln abzupfen. Den Knoblauch schälen und mit dem Rosmarin und der Orangenschale fein hacken. Über das Gemüse streuen.

3. Die Hasel- oder Walnusskerne fein hacken, Sonnenblumenkerne ganz lassen. Den Käse fein reiben und mit der Crème fraîche und den Eiern verrühren. Mit Salz, Pfeffer und 1 Prise Paprikapulver abschmecken und über dem Gemüse verteilen. Die übrige Butter in kleine Würfel schneiden und mit den Nüssen auf das Gemüse streuen.

4. Den Auflauf im heißen Ofen (Mitte) ca. 40 Min. backen, bis er schön gebräunt ist. Kurz ruhen lassen, dann servieren.

Dazu reiche ich einen Salat, z. B. Feld- oder Radicchiosalat und Brot oder für ganz Hungrige auch Kartoffeln.

GEMÜSE IM SCHINKENMANTEL

Das Gemüse schälen, putzen und im Ganzen in kochendem Salzwasser 5 Min. vorgaren. Kalt abschrecken und abtropfen lassen. Jedes in 1 dünne Scheibe gekochten Schinken wickeln und nebeneinander in eine ofenfeste Form legen. 3 Eigelb mit 250 g Sahne und 150 g frisch geriebenem Bergkäse verrühren, mit Salz und Muskatnuss abschmecken und über den Gemüserollen verteilen. Im Backofen bei 200° ca. 25 Min. backen, bis die Oberfläche schön gebräunt ist. Kurz stehen lassen, dann servieren. Schmeckt auch mit Chicorée sehr gut.

SAUERKRAUTSTRUDEL MIT FISCH UND SAUERRAHM

Für 4 Personen
Zubereitungszeit: ca. 1 Std.
Backzeit: ca. 45 Min.
Pro Portion: ca. 665 kcal

Für den Strudelteig:
250 g Mehl
Salz
2 EL Öl
1 Ei (Größe M)

Für die Füllung und zum Bestreichen:
500 g Sauerkraut
1 dünne Stange Lauch
400 g Saibling- oder Zanderfilet
1 TL Kümmelsamen (nach Belieben)
1 TL rosenscharfes Paprikapulver
1 TL Apfeldicksaft
Salz | schwarzer Pfeffer
ca. 50 g zerlassene Butter
300 g saure Sahne

1. Für den Teig das Mehl mit 1 Prise Salz mischen. Das Öl, das Ei und ca. 80 ml lauwarmes Wasser dazugeben und alles kräftig kneten, bis ein glatter, geschmeidiger und seidig glänzender Teig entsteht. Falls nötig, etwas Wasser dazugeben. Falls der Teig an den Händen klebt, etwas mehr Mehl unterarbeiten.

2. Den Teig zu einer Kugel formen, in Butterbrotpapier wickeln und ca. 30 Min. an einem warmen Ort ruhen lassen. Dafür in einem Topf Wasser zum Kochen bringen. Das Wasser abgießen. Den Teig im Papier in den Topf geben und den Deckel auflegen.

3. Inzwischen für die Füllung das Sauerkraut abtropfen lassen und mit einer Gabel locker zerpflücken. Vom Lauch die Wurzel und welke grüne Teile abschneiden. Den Lauch der Länge nach aufschneiden und gründlich waschen, auch zwischen den Schichten. In feine Streifen schneiden. Das Fischfilet waschen, trocken tupfen und klein würfeln. Das Sauerkraut locker mit Lauch und Fisch mischen, die Füllung mit Kümmel nach Belieben und mit Paprika, Apfeldicksaft, Salz und Pfeffer abschmecken.

4. Den Teig halbieren, eine Hälfte zuerst mit dem Nudelholz auf einem bemehlten Küchentuch ausrollen, dann über den Handrücken sehr dünn ausziehen.

5. Eine längliche ofenfeste Form, in der beide Strudel nebeneinander Platz haben, fetten oder das Backblech mit Backpapier auslegen. Den Teig mit zerlassener Butter bestreichen und mit der Hälfte der Sauerkrautmischung belegen. Die Hälfte der sauren Sahne in Klecksen darauf verteilen. Die Teigränder rundherum ca. 1 cm breit nach innen über die Füllung klappen, den Strudel mit Hilfe des Tuches aufrollen und in die Form oder auf das Backblech gleiten lassen. Den Backofen auf 180° vorheizen.

6. Den zweiten Strudel ebenso zubereiten und danebenlegen. Die Strudel mit der restlichen flüssigen Butter bestreichen und im Ofen (Mitte) ca. 45 Min. backen, bis sie schön gebräunt sind. Kurz ruhen lassen, in Stücke schneiden und servieren.

Buchweizenspätzle mit Kohl und Bergkäse

Für 4 Personen
Zubereitungszeit: ca. 45 Min.
Backzeit: ca. 15 Min.
Pro Portion: ca. 590 kcal

100 g Weizenmehl
200 g Buchweizenmehl
Salz
3 Eier (Größe M)
250 g Rosenkohl
250 g Grünkohl
1 große Zwiebel
2 EL Butter
200 g würziger Bergkäse
schwarzer Pfeffer

Außerdem:
Spätzlehobel

1. Die beiden Mehlsorten mit 1 geh. TL Salz, den Eiern und 150 ml Wasser zu einem zähflüssigen Teig verrühren und 30 Min. bei Zimmertemperatur ruhen lassen.

2. Inzwischen vom Rosenkohl alle welken Blätter entfernen, den Strunk abschneiden und den Kohl vierteln. Den Grünkohl waschen, die Blätter von den Stielen abstreifen oder -schneiden und grob hacken (siehe S. 55). In einem Topf Wasser aufkochen, salzen und den Kohl darin ca. 4 Min. sprudelnd kochen lassen. In einem Sieb kalt abschrecken und abtropfen lassen.

3. Die Zwiebel schälen, vierteln und in feine Streifen schneiden. Die Butter zerlassen und die Zwiebel darin bei schwacher Hitze in ca. 10 Min. weich und leicht braun dünsten. Mit etwas Salz abschmecken. Den Käse grob raspeln.

4. In einem Topf Wasser zum Kochen bringen und salzen. Den Spätzleteig noch einmal durchrühren und portionsweise mit dem Spätzlehobel ins kochende Wasser hobeln. Die Spätzle einmal kräftig aufkochen, dann mit dem Schaumlöffel aus dem Wasser heben und in einem Sieb kalt abschrecken.

5. Inzwischen den Backofen auf 220° vorheizen. Die Spätzle mit dem Käse, dem Kohl und den Zwiebelstreifen mischen und mit Salz und Pfeffer würzen. In eine ofenfeste Form geben und im Backofen (Mitte) ca. 15 Min. backen, bis die Oberfläche leicht braun ist. Heiß servieren.

Dazu reiche ich Salat, z. B. einen Feldsalat mit Apfelstückchen.

So schmeckt's mir auch

Anstelle von Rosenkohl und Grünkohl nehme ich gerne auch Chicorée, Endivie, Zuckerhut oder Radicchio (ebenfalls ca. 4 Min. in sprudelnd kochendem Wasser blanchiert).

CHICORÉEGRATIN MIT SENFSAHNE

Für 4 Personen
Zubereitungszeit: ca. 25 Min.
Backzeit: ca. 25 Min.
Pro Portion: ca. 365 kcal

4 getrocknete Feigen
100 ml trockener Weißwein (ersatzweise naturtrüber Apfelsaft)
1 TL gelbe Senfsamen
800 g Chicorée
1 Zwiebel
2 Knoblauchzehen
4 EL Butter
2 TL Zucker
Salz | schwarzer Pfeffer
½ Bund Petersilie
100 g gekochter Schinken (nach Belieben)
150 g mittelalter Gouda
frisch geriebene Muskatnuss
100 g Sahne
2 TL scharfer Senf

1. Die Feigen in kleine Würfel schneiden, mit dem Wein in einer Schüssel mischen und ca. 30 Min. quellen lassen. Die Senfsamen im Mörser sehr gut zerdrücken.

2. Den Chicorée von allen welken Blättern befreien, waschen und in ca. 1 cm breite Ringe schneiden. Die Zwiebel und den Knoblauch schälen und fein hacken.

3. In einem weiten Topf 2 EL Butter mit dem Zucker zerlassen. Den Chicorée und die zerdrückten Senfsamen darin andünsten, bis die Flüssigkeit, die sich dabei bildet, wieder verdampft ist. Die Zwiebel und den Knoblauch dazugeben und kurz mitdünsten. Den Chicorée mit Salz und Pfeffer würzen.

4. Den Backofen auf 200° vorheizen. Eine ofenfeste Form mit Butter ausstreichen. Die Petersilie waschen und trocken schütteln, die Blättchen fein schneiden. Nach Belieben den Schinken klein würfeln. Den Käse fein reiben.

5. Den Chicorée mit den Feigen, der Petersilie und eventuell dem Schinken mischen, mit Salz, Pfeffer und Muskat abschmecken und in der Form verteilen. Den Käse aufstreuen. Die Sahne mit dem Senf und Salz verrühren und seitlich angießen.

6. Die übrige Butter würfeln und auf den Chicorée streuen. Das Gratin im heißen Ofen (Mitte) ca. 25 Min. backen, bis die Oberfläche schön gebräunt ist. Aus dem Ofen nehmen und kurz ruhen lassen, dann servieren.

Dazu reiche ich Pellkartoffeln oder Kartoffelpüree.

SO SCHMECKT'S MIR AUCH

Anstelle des Chicorées nehme ich gerne auch einmal Grünkohl, der ca. 5 Min. gedünstet werden muss. Sehr fein sind außerdem Wurzelspinat, Endivie oder Radicchio. Diese nur in kochendem Salzwasser zusammenfallen lassen (siehe S. 87).

MINICALZONE MIT ROTER BETE UND RICOTTA

Für 4 Personen
Zubereitungszeit: ca. 40 Min.
Gehzeit: ca. 1 Std. 15 Min.
Backzeit: ca. 20 Min.
Pro Portion: ca. 770 kcal

400 g Mehl
Salz
½ Würfel Hefe (ca. 21 g)
Zucker
6 EL Olivenöl
1 Rote Bete (ca. 250 g)
1 Stück Lauch (ca. 100 g)
Chiliflocken nach Geschmack
400 g Wurzelspinat
125 g Mozzarella
250 g Ricotta
1 Ei (Größe M)
50 g frisch geriebener Parmesan

1. Das Mehl mit 1 TL Salz in einer Schüssel mischen. Die Hefe zerkrümeln und mit 1 Prise Zucker in 200 ml lauwarmem Wasser anrühren. Dann mit 3 EL Öl zum Mehl geben und alles zu einem glatten Teig verkneten. Er soll sich leicht formen lassen, darf aber nicht an den Fingern kleben. Bei Bedarf noch etwas Wasser bzw. Mehl unterarbeiten. Den Teig zugedeckt an einem warmen Ort ca. 1 Std. gehen lassen, bis er sein Volumen verdoppelt hat.

2. Inzwischen die Rote Bete schälen und mit der Rohkostreibe grob raspeln. Das Lauchstück der Länge nach aufschneiden, gründlich waschen und in Streifen schneiden. 1 EL Öl in einem Topf erhitzen, die Rote Bete mit dem Lauch und den Chiliflocken darin andünsten. 5 EL Wasser unterrühren, das Gemüse salzen und zugedeckt bei schwacher Hitze in ca. 10 Min. bissfest garen.

3. Den Spinat von welken Blättern und groben Stielen befreien, gründlich waschen und in kochendem Salzwasser in ca. 1 Min. sprudelnd kochen und zusammenfallen lassen (siehe S. 87). In einem Sieb kalt abschrecken, abtropfen lassen und gut ausdrücken. Grob hacken. Den Mozzarella abtropfen lassen und klein würfeln. Den Ricotta mit dem Ei und dem Parmesan verrühren und mit Salz abschmecken. Zwei Backbleche mit Backpapier belegen.

4. Den Teig noch einmal durchkneten und in vier Portionen teilen. Jeweils zu einer Kugel formen und zu ca. ½ cm dicken Kreisen ausrollen. Die Rote Bete und den Spinat mit dem Mozzarella unter die Ricottacreme heben und abschmecken.

5. Je zwei Fladen auf ein Backblech legen, auf einer Hälfte mit Füllung belegen und die andere Hälfte darüberklappen. Ränder zusammendrücken und die Fladen ca. 15 Min. gehen lassen.

6. Den Backofen auf 220° vorheizen. Die Teigfladen mit dem übrigen Öl einpinseln und im heißen Ofen (Mitte) ca. 20 Min. backen, bis sie aufgegangen und gebräunt sind. Falls Sie zu dunkel werden, die letzten 5 Min. mit Alufolie abdecken.

OFENKÜRBIS MIT APFELTATAR

Für 4 Personen
Zubereitungszeit: ca. 20 Min.
Backzeit: 20 Min.
Pro Portion: ca. 475 kcal

1 Stück Muskatkürbis (ca. 700 g)
Fleur de Sel
4 EL Kürbiskerne
6 EL Olivenöl
2 EL Zitronensaft
2 EL Gemüsebrühe
Salz | schwarzer Pfeffer
Zucker
1 säuerlicher Apfel
1 kleines Bund Schnittlauch
100 g Blauschimmelkäse

1. Den Backofen auf 220° vorheizen. Die Kürbiskerne mitsamt dem faserigen Fruchtfleisch herausschaben (siehe S. 113). Den Kürbis in ca. 1 cm dicke Spalten schneiden und diese schälen.

2. Das Backblech mit Backpapier belegen. Die Kürbisspalten nebeneinander darauflegen, mit dem Fleur de Sel und den Kürbiskernen bestreuen und mit 2 EL Olivenöl beträufeln. Die Kürbisspalten im heißen Ofen (Mitte) ca. 20 Min. backen, bis sie bissfest und leicht braun sind.

3. Inzwischen den Zitronensaft und die Gemüsebrühe mit Salz, Pfeffer und 1 Prise Zucker verrühren. Das übrige Olivenöl nach und nach zu einer cremigen Sauce unterschlagen. Den Apfel vierteln, schälen und vom Kerngehäuse befreien, dann in sehr kleine Würfel schneiden. Den Schnittlauch waschen, trocken schütteln und in Röllchen schneiden. Den Apfel und den Schnittlauch unter die Sauce rühren.

4. Den Käse in kleine Stücke krümeln oder schneiden. Die Kürbisspalten auf Teller verteilen und mit dem Käse bestreuen. Das Apfeltatar danebensetzen. Kürbis warm servieren.

HÜHNERBEINE AUF WURZELGEMÜSE

Für 4 Personen
Zubereitungszeit: ca. 30 Min.
Garzeit: ca. 45 Min.
Pro Portion: ca. 525 kcal

800 g Wurzelgemüse (z. B. verschiedenfarbige Möhren, Knollensellerie, Steckrüben oder Topinambur)
2 Zweige Rosmarin
½ Bio-Zitrone | 2 EL Olivenöl
Salz | schwarzer Pfeffer
4 Hühnerkeulen mit Schulterteil (à ca. 220 g)
1 Stück Ingwer (ca. 4 cm)
4 EL Sojasauce
2 TL flüssiger Honig
1 Msp. Sambal oelek

1. Die Wurzelgemüse putzen, schälen und in dünne Scheiben schneiden. Den Rosmarin waschen, die Nadeln abzupfen und fein schneiden. Die Zitronenhälfte heiß waschen und abtrocknen, die Schale fein abreiben.

2. Den Backofen auf 180° vorheizen. Die Gemüsescheiben mit Rosmarin, Zitronenschale und Olivenöl mischen, mit Salz und Pfeffer würzen und in einer ofenfesten Form verteilen.

3. Die Hühnerkeulen waschen und trocken tupfen. Den Ingwer schälen und grob würfeln, dann durch die Knoblauchpresse drücken. Mit der Sojasauce, dem Honig und dem Sambal oelek verrühren. Die Hühnerkeulen leicht salzen und pfeffern, mit der Sauce einpinseln und auf dem Gemüse verteilen.

4. Das Gericht im heißen Ofen (Mitte) ca. 45 Min. backen. Zur Garprobe eine Hühnerkeule mit der Messerspitze an der dicksten Stelle einstechen. Wenn klarer Saft ausläuft, sind die Keulen gar. Ist der Saft noch rötlich, die Garzeit um 5 – 10 Min. verlängern. Mit dem Gemüse servieren.

Dazu schmecken mir Bratkartoffeln oder knuspriges Bauernbrot.

Hier bekommt das feine Gemüse viel Aroma durch leichtes Karamellisieren. Und die Teighaube sorgt dafür, dass es wunderbar saftig bleibt.

Schwarzwurzel-Tarte-Tatin

Für 1 Tarteform (30 cm ø | 12 Stücke)
Zubereitungszeit: ca. 1 Std.
Backzeit: ca. 30 Min.
Pro Stück: ca. 210 kcal

Für den Teig:
200 g Mehl
Salz
150 g kalte Butter
1 Eigelb
1 EL Joghurt

Für den Belag:
100 g durchwachsener Räucherspeck
1 Zwiebel
1 Zweig Rosmarin
2 EL Zitronensaft
800 g Schwarzwurzeln
1 EL Butter
1 EL Öl
1 EL Puderzucker
Chiliflocken nach Geschmack
4 EL Weißwein oder Sherry (ersatzweise Brühe)
Salz

1. Für den Teig das Mehl mit 1 kräftigen Prise Salz in einer Schüssel mischen. Die Butter in kleinen Stücken, Eigelb und Joghurt dazugeben. Alles zu einem glatten Teig verkneten und zu einer Kugel formen. Zwischen zwei Lagen Backpapier zu einem Fladen von 35 cm ø ausrollen, im Papier 1 Std. kühl stellen.

2. Inzwischen für den Belag den Speck von Schwarte und Knorpeln befreien und erst in dünne Scheiben, dann in feine Streifen schneiden. Die Zwiebel schälen, vierteln und in Streifen schneiden. Den Rosmarin waschen und trocken schütteln, die Nadeln abzupfen und fein schneiden.

3. Für die Schwarzwurzeln ½ l Wasser mit dem Zitronensaft mischen. Die Schwarzwurzeln unter fließendem kaltem Wasser schälen und von den Enden befreien. Leicht schräg in ca. 1 cm dicke Stücke schneiden und ins Zitronenwasser legen.

4. Die Butter mit dem Öl und dem Puderzucker in einer Pfanne erhitzen. Schwarzwurzeln, Speck, Zwiebel, Rosmarin und Chili dazugeben und unter Rühren bei mittlerer bis starker Hitze ca. 5 Min. braten, bis die Wurzeln leicht braun werden. Mit Wein oder Sherry ablöschen, salzen und in der Tarteform verteilen.

5. Den Backofen auf 200° vorheizen. Vom Teig das obere Papier abziehen, den Teig auf die Schwarzwurzeln stürzen, vom zweiten Papier befreien und den Rand nach innen formen. Die Tarte im heißen Ofen (Mitte) in 25 – 30 Min. goldbraun backen. Vom Rand der Backform lösen und auf einen Teller stürzen.

So schmeckt's mir

Für eine Orangen-Kresse-Creme 200 g Crème fraîche mit der abgeriebenen Schale und 1 – 2 EL Saft von ½ Bio-Orange verrühren, salzen und pfeffern. Etwas Gartenkresse unterrühren.

Säure gegen Verfärben *Damit die Schwarzwurzeln nicht braun werden, müssen sie sofort nach dem Schälen in gesäuertes Wasser. Stellen Sie also eine Schüssel mit Wasser und Zitronensaft (oder Essig) bereit. Das Gemüse nimmt den Geschmack nicht an.*

Wurzeln säubern *Für längere Haltbarkeit werden Schwarzwurzeln mit einer dünnen Erdschicht verkauft. Um sie abzulösen, waschen Sie die Stangen unter dem Wasserstrahl und bürsten sie dabei kräftig ab.*

Wurzeln schälen *Damit die Hände vom milchigen Saft nicht klebrig werden und sich bräunlich färben, ziehen Sie am besten Einmalhandschuhe an. Oder Sie schälen die Wurzeln unter fließendem Wasser.*

WIRSING-QUARK-BÄLLCHEN MIT LARDO

Für 4 Personen
Zubereitungszeit: ca. 40 Min.
Backzeit: ca. 25 Min.
Pro Portion: ca. 580 kcal

100 g altbackenes Bauernbrot
1 kleiner Wirsing (ca. 600 g)
Salz
70 g würziger Bergkäse
1 kleines Bund Petersilie
250 g Quark
4 Eier (Größe M)
schwarzer Pfeffer
frisch geriebene Muskatnuss
150 g Lardo (fetter Speck, in dünnen Scheiben)

1. Das Brot in Scheiben schneiden und in einer Schüssel mit lauwarmem Wasser bedecken. Weich werden lassen.

2. Die Wirsingblätter auseinanderlösen und waschen. In einem Topf reichlich Wasser zum Kochen bringen und salzen. Nun die Wirsingblätter darin ca. 5 Min. sprudelnd kochen lassen. Dann in ein Sieb abgießen, kalt abschrecken und abtropfen lassen. Die Blätter leicht ausdrücken und fein schneiden.

3. Den Backofen auf 200° vorheizen. Den Käse fein reiben. Die Petersilie waschen, trocken schütteln und die Blättchen fein hacken. Das Brot gut ausdrücken und zerpflücken. Mit dem Wirsing, dem Käse, der Petersilie, dem Quark und den Eiern in eine Schüssel geben und gründlich miteinander verkneten.

4. Die Masse mit Salz, Pfeffer und Muskat abschmecken und zu 16 Bällchen formen. Nebeneinander in eine ofenfeste Form setzen. Den Lardo auf die Größe der Bällchen zuschneiden und darauf verteilen. Die Bällchen im heißen Ofen (Mitte) ca. 25 Min. backen, bis der Speck schön gebräunt ist.

Ich esse den Speck gerne mit. Man kann ihn aber auch zur Seite legen, sein Aroma haben die Bällchen auf jeden Fall angenommen.

HABEN SIE'S GEWUSST?

Lardo wird aus den fetten Stücken des Schweinerückens gemacht. Je nach Region in Italien kommt er mit unterschiedlichen Gewürzen und Kräutern in einen Behälter, z. B. eine Marmortruhe, um dort mehrere Monate zu reifen. Er ist so zart, dass er in dünnen Scheiben fast auf der Zunge zergeht. So wird er auch in der Hitze des Ofens durchsichtig und weich und gibt einen Teil seines Aromas an die anderen Zutaten ab.

Grünkohl-Lasagne mit Salsicce

Für 4 – 6 Personen
Zubereitungszeit: ca. 1 Std.
Kühlzeit: ca. 30 Min.
Backzeit: 40 Min.
Bei 6 Personen pro Portion: ca. 760 kcal

Für die Füllung:
800 g Grünkohl
Salz
250 g frische italienische Salsicce (ersatzweise nicht zu stark gewürzte rohe Bratwürste)
1 EL Olivenöl
1 TL Fenchelsamen
200 g stückige Tomaten (Dose)
schwarzer Pfeffer

Für den Nudelteig:
250 g Mehl
2 Eier (Größe M)
1 Eigelb
1 EL Olivenöl
Salz

Für die Béchamelsauce:
40 g Butter
40 g Mehl
¾ l Milch
Salz | schwarzer Pfeffer
frisch geriebene Muskatnuss
100 g frisch geriebener Parmesan
250 g Mozzarella
1 EL Butter

1. Für die Füllung den Grünkohl gründlich waschen und die Blätter von den Stielen abstreifen oder schneiden (siehe S. 55). Die Blätter in reichlich kochendem Salzwasser ca. 3 Min. blanchieren, kalt abschrecken und gut abtropfen lassen, dann hacken. Die Salsicce in kleinen Stücken aus der Haut drücken. Das Öl erhitzen und die Salsiccestücke mit den Fenchelsamen darin unter Rühren anbraten. In einer Schüssel mit dem Grünkohl und den Tomaten mischen und mit Salz und Pfeffer abschmecken.

2. Für den Nudelteig das Mehl mit den Eiern, dem Eigelb, dem Öl und 1 TL Salz zu einem glatten, geschmeidigen Nudelteig verkneten. In ein Küchentuch gewickelt 30 Min. ruhen lassen.

3. Dann portionsweise mit der Nudelmaschine oder auf der bemehlten Arbeitsfläche zu dünnen Platten ausrollen. Teig der Backform entsprechend in Platten schneiden und in kochendem Salzwasser ca. 2 Min. garen. Die Nudelplatten in ein Sieb abgießen, abschrecken, abtropfen lassen und nebeneinanderlegen.

4. Für die Béchamelsauce die Butter in einem Topf zerlassen und das Mehl einrühren. Unter Rühren goldgelb werden lassen. Die Milch mit dem Schneebesen nach und nach unterrühren und die Sauce offen bei schwacher Hitze ca. 10 Min. köcheln lassen. Mit Salz, Pfeffer und Muskat würzen. Den Parmesan reiben und etwa ein Drittel davon unter die Sauce rühren. Den Mozzarella abtropfen lassen und würfeln.

5. Den Backofen auf 180° vorheizen. Eine große eckige Form mit etwas Béchamel ausgießen. Abwechselnd Nudelplatten, Grünkohlmischung, Béchamel und Mozzarella einschichten. Mit Nudeln abschließen und diese mit der restlichen Béchamel begießen. Den übrigen Parmesan gleichmäßig aufstreuen. Die Butter in kleinen Würfeln darauf verteilen und die Lasagne im Ofen (Mitte) ca. 40 Min. backen, bis sie schön gebräunt ist. Ca. 10 Min. ruhen lassen, dann portionieren und servieren.

So kennt man den ja gar nicht!

KÜRBIS

Als Suppe gibt's ihn ja überall – mal mit Ingwer, mal mit Kokosmilch und Koriander. Und süßsauer eingelegt hat ihn meine Oma auf den Tisch gebracht. Aber mit Kürbis geht noch viel mehr: Ich zum Beispiel liebe Kürbisfrittes – und überrasche Freunde mit süßer Tarte.

Ein echter Riese unter den Kürbissen ist der Atlantic Giant: Stolze **821 Kilo** brachte ein Exemplar in den USA auf die Waage. In Europa hält Deutschland mit einem immerhin **661 Kilo** schweren Kürbis den Rekord.

Allroundtalent: In Indien macht man MUSIKINSTRUMENTE aus Kürbissen, in Südamerika RUMBAKUGELN, in China basteln sie daraus VOGELKÄFIGE und in Ozeanien MASKEN.

Botanisch gesehen zählt der Kürbis zu den BEEREN – so wie Orangen und Tomaten übrigens auch.

CHIC IN SCHALE: Als einziger Kürbis kann Hokkaido auch mit Schale gegart und gegessen werden. Also nur waschen, Kerne entfernen und los geht's!

GROSSFAMILIE: Auch Gurken, Zucchini und Melonen gehören zu den Kürbisgewächsen!

2,4 Kilo Kürbiskerne aus etwa 30 Ölkürbissen braucht es für 1 l FEINSTES KÜRBISKERNÖL.

Ein echter Methusalem: Kürbis wurden schon vor rund **9000 JAHREN** angebaut – und gehört damit zu den ältesten Kulturpflanzen überhaupt.

Kürbistarte mit Zitrone

Für 1 Tarteform (30 cm ø | 12 Stücke)
Zubereitungszeit: ca. 25 Min.
Kühlzeit: ca. 1 Std. | Backzeit: ca. 1 Std.
Pro Stück: ca. 270 kcal

Für den Teig:
200 g Mehl
50 g Zucker
Salz
125 g kalte Butter

Für die Füllung:
ca. 700 g Muskatkürbis
1 Bio-Zitrone
4 Eier (Größe M)
150 g Crème fraîche
100 g Zucker

1. Für den Teig das Mehl mit dem Zucker und 1 Prise Salz mischen. Die Butter klein würfeln, dazugeben und alles zu einem glatten Teig verkneten. Teig zu einer Kugel formen, zwischen zwei Lagen Backpapier legen und rund in der Größe der Form ausrollen. In die Form stürzen, einen Rand hochziehen und den Teig in der Form ca. 1 Std. kühl stellen.

2. Inzwischen den Backofen auf 180° vorheizen und das Backblech mit Backpapier belegen. Für die Füllung den Kürbis entkernen, schälen und in Spalten schneiden (siehe S. 113). Den Kürbis auf dem Backblech verteilen und im heißen Ofen (Mitte) ca. 30 Min. backen, bis er weich ist. Den Kürbis etwas abkühlen lassen, dann fein pürieren. Die Zitrone heiß waschen und abtrocknen, die Schale fein abreiben, eine Hälfte auspressen. Die Eier mit der Crème fraiche und dem Zucker gründlich verquirlen. Kürbispüree, Zitronenschale und -saft untermischen.

3. Die Kürbismasse auf dem Teig verteilen und die Tarte im Ofen (Mitte, bei gleicher Temperatur) ca. 1 Std. backen, bis sie fest und leicht gebräunt ist. Abkühlen lassen und frisch genießen.

Dazu schmeckt mir Vanille-Schlagsahne mit geriebenem Ingwer.

KÜRBISFRITTES MIT CHILITOMATEN

Für 4 Personen
Zubereitungszeit: ca. 30 Min.
Pro Portion: ca. 255 kcal

1 Dose geschälte Tomaten (400 g)
50 g getrocknete Tomaten (in Öl)
2 getrocknete Chilischoten
1 TL getrocknete Thymianblättchen
2 TL Honig
Salz
1 Stück Muskat-, Butternut- oder Hokkaido-Kürbis (ca. 800 g)
ca. ¾ l Öl zum Frittieren
3 EL Mehl

1. Die Dosentomaten und die getrockneten Tomaten abtropfen lassen. Die getrockneten Tomaten in kleine Würfel schneiden. Beide Tomatensorten mit Chilischoten, Thymian und Honig fein pürieren. Salzen und auf vier Schälchen verteilen.

2. Aus dem Kürbis die Kerne mitsamt dem faserigen Fruchtfleisch herausschaben. Den Kürbis schälen und in pommesgroße Stifte schneiden. Das Öl in einem weiten Topf erhitzen. Es ist heiß genug, wenn an einem hölzernen Kochlöffelstiel, den man ins heiße Fett taucht, viele kleine Bläschen aufsteigen.

3. Die Kürbisstifte portionsweise salzen, im Mehl wenden und im heißen Öl in 3–4 Min. knusprig frittieren. Die Frittes jeweils mit dem Schaumlöffel aus dem Öl heben, abtropfen und auf einer dicken Lage Küchenpapier entfetten. Wenn alle frittiert sind, mit den Chilitomaten genießen.

SENFWÜRZIGER GEMÜSE-RINDFLEISCH-TOPF

Für 4 Personen
Zubereitungszeit: ca. 50 Min.
Backzeit: ca. 2 Std.
Pro Portion: ca. 505 kcal

600 g Rinderschulter
Salz | schwarzer Pfeffer
2 EL Öl
250 g Schwarzwurzeln
1 EL Zitronensaft
250 g Rosenkohl
250 g Knollensellerie
250 g Kürbis
250 g vorwiegend festkochende Kartoffeln
½ Bio-Orange
1 Bund Petersilie
1 – 2 TL Kümmelsamen (nach Belieben)
½ l Fleischbrühe
200 ml dunkles Bier (ersatzweise Fleischbrühe)
je 2 TL scharfer und süßer Senf

1. Die Rinderschulter von größeren Fett- und Sehnenstücken befreien und in knapp 1 cm dünne Scheiben schneiden. Mit Salz und Pfeffer würzen. Das Öl in einer Pfanne erhitzen und die Fleischscheiben darin portionsweise auf beiden Seiten anbraten.

2. Die Schwarzwurzeln unter fließendem kaltem Wasser schälen und leicht schräg in ca. 1 cm dicke Scheiben schneiden (siehe S. 101). Den Zitronensaft mit ¼ l Wasser mischen und die Schwarzwurzeln einlegen, damit sie sich nicht braun verfärben.

3. Den Rosenkohl waschen, von welken Blättern und dem Strunk befreien und in Scheiben schneiden. Knollensellerie, Kürbis und Kartoffeln putzen, schälen und ebenfalls in ca. ½ cm dicke Scheiben schneiden.

4. Die Orange heiß waschen und abtrocknen, die Schale dünn abschneiden. Die Petersilie waschen und trocken schütteln, die Blättchen abzupfen und mit der Orangenschale und nach Belieben mit dem Kümmel fein hacken.

5. Den Backofen auf 180° vorheizen. Die Fleischbrühe erhitzen und mit dem Bier und den beiden Senfsorten verrühren.

6. Einen ofenfesten Schmortopf mit Deckel lagenweise mit Fleisch und Gemüse füllen. Dabei das Gemüse jeweils salzen und pfeffern und das Fleisch mit etwas Petersilienmischung bestreuen. Die Brühe seitlich dazugießen. Den Topf verschließen und in den heißen Ofen (unten) stellen. Den Gemüse-Rindfleisch-Topf ca. 2 Std. garen. Herausnehmen, kurz ruhen lassen und dann mit knusprigem Brot genießen.

SO SCHMECKT'S MIR AUCH

Diesen würzigen Rindfleischtopf bereite ich immer wieder mit anderen Gemüsesorten zu: Versuchen Sie mal Weißkohl, Pastinaken und Möhren oder viele Zwiebeln und Sauerkraut.

Wunderbar saftig bleibt das würzige Brot durch die feinen Kürbisstreifen. Es schmeckt also auch nach einigen Tagen ganz ausgezeichnet.

KÜRBISBROT MIT APFEL-SENF-BUTTER

Für ca. 25 Scheiben
Zubereitungszeit: ca. 30 Min.
Gehzeit: ca. 1 Std. 15 Min.
Backzeit: ca. 1 Std.
Pro Scheibe: ca. 110 kcal

Für das Brot:
250 g Dinkelvollkornmehl
250 g helles Dinkelmehl (Type 630)
150 ml Milch
1 Würfel frische Hefe (42 g)
1 TL Zucker
Salz
1 Stück Muskatkürbis (ca. 300 g)
1 TL Koriandersamen
2 EL Kürbiskerne
Kürbiskerne zum Bestreuen (nach Belieben)

Für die Butter:
1 säuerlicher Apfel
2 TL Zitronensaft
100 g weiche Butter
je 1 TL scharfer und körniger Senf
Salz

1. Für den Teig die beiden Mehlsorten mischen. Die Milch lauwarm erhitzen. Die Hefe zerkrümeln und mit dem Zucker in der Milch auflösen, 1/8 l lauwarmes Wasser dazugeben. Mit 1 gestrichenen EL Salz zum Mehl geben und alles zu einem glatten, geschmeidigen Teig verkneten. Zugedeckt ca. 1 Std. gehen lassen.

2. Den Kürbis putzen, entkernen, schälen und fein raspeln. Die Koriandersamen in einer kleinen Pfanne bei mittlerer Hitze unter Rühren leicht anrösten, dann im Mörser grob zerstoßen.

3. Das Backblech mit Backpapier auslegen. Den Teig mit dem Kürbis, den Kürbiskernen und dem Koriander noch einmal gründlich verkneten. Den Teig auf dem Backblech zu einem länglichen Laib formen, nach Belieben mit Kürbiskernen bestreuen und nochmals ca. 15 Min. gehen lassen. Inwischen den Backofen auf 200° vorheizen.

4. Das Brot im heißen Ofen (Mitte) ca. 1 Std. backen. Dabei zwischendurch mit kaltem Wasser besprühen. Den Klopftest machen: Das Brot mit einem doppelt gefalteten Küchentuch anheben und umdrehen. Mit den Fingerknöcheln auf die Unterseite des Brotes klopfen. Wenn es hohl klingt, ist es ausreichend gebacken. Das Brot auskühlen lassen.

5. Für die Butter den Apfel vierteln, schälen, vom Kerngehäuse befreien und fein raspeln. Mit dem Zitronensaft mischen. Die Butter mit dem Senf verkneten, die Apfelraspel untermischen und die Butter mit Salz abschmecken.

Portionsweise verarbeiten *Ein Kürbis lässt sich leichter schälen, wenn man ihn vorab in Stücke teilt. Dazu einfach mit einem langen, schweren Messer entlang der Einkerbungen in Spalten schneiden.*

Kürbis entkernen *Die Kerne lassen sich mitsamt dem faserigen Fruchtfleisch mit einem Löffel ganz leicht aus dem Kürbisstück schaben. Übrige Fasern am Fruchtfleisch mit dem Messer abschneiden.*

Kürbis schälen *Die Kürbisspalten jetzt seitlich auf das Küchenbrett legen und die Schale Stück für Stück abschneiden. Die geschälten Kürbisspalten sind dann fertig für die Weiterverarbeitung.*

AUS TOPF UND PFANNE!

Rot, orange und grün – im Herbst und Winter wird es in meiner Küche bunt wie auf einem Marktstand. Und all das farbenfrohe Gemüse macht doppelt gute Laune: Es sieht nicht nur toll aus, sondern schmeckt auch noch ganz wunderbar.

Kichererbsen-Curry mit Lauch, Steckrübe und Kohl

Für 4 Personen
Zubereitungszeit: ca. 30 Min.
Quellzeit: über Nacht
Garzeit: 1 Std. 30 Min.
Pro Portion: ca. 305 kcal

200 g getrocknete Kichererbsen
1 dicke Stange Lauch (ca. 300 g)
1 Stück Steckrübe (ca. 300 g)
300 g Grünkohl
4 Knoblauchzehen
1 Stück Ingwer (ca. 4 cm)
2 rote Chilischoten
2 EL Öl
je 2 TL gemahlener Kreuzkümmel, Koriander und Kurkuma
je ½ TL Zimt- und Senfpulver
1 EL Tomatenmark
300 ml Gemüsebrühe
250 g Kokosmilch
Salz
1 EL Zitronensaft
Koriander zum Bestreuen

1. Die Kichererbsen in einer Schüssel mit kaltem Wasser bedecken und über Nacht quellen lassen.

2. Am nächsten Tag abgießen und mit frischem Wasser zum Kochen bringen. Die Kichererbsen zugedeckt bei schwacher Hitze in ca. 1 ½ Std. weich garen.

3. Vom Lauch die Wurzel und die welken Teile abschneiden. Den Lauch der Länge nach aufschneiden und gründlich waschen, auch zwischen den Schichten. Den Lauch in gut 1 cm breite Streifen schneiden. Die Steckrübe schälen und in ca. 1 cm große Würfel schneiden. Den Grünkohl waschen und die Blätter vom Stiel abstreifen oder -schneiden (siehe S. 55). Grob hacken.

4. Den Knoblauch und den Ingwer schälen und fein hacken. Die Chilischoten waschen und die Stiele abschneiden. Die Chilis mit den Kernen fein schneiden.

5. Das Öl in einem Topf erhitzen. Knoblauch, Ingwer, Chili und die gemahlenen Gewürze einrühren und bei schwacher Hitze unter Rühren ca. 2 Min. anbraten. Tomatenmark dazugeben und ebenfalls kurz anbraten, dann die Gemüse untermischen. Mit der Brühe und der Kokosmilch aufgießen. Die Kichererbsen abgießen und untermischen, alles mit Salz würzen. Das Gemüse zugedeckt bei schwacher Hitze in ca. 10 Min. bissfest garen.

6. Das Curry mit dem Zitronensaft und eventuell noch etwas Salz abschmecken. Den Koriander waschen und trocken schütteln, die Blättchen abzupfen und hacken. Erst kurz vor dem Servieren auf das Curry streuen.

So schmeckt's mir

Ich reiche zum Kichererbsen-Curry Fladenbrot oder Jasminreis und evtl. Joghurt, am liebsten mit Salz und etwas Limetten- oder Zitronenschale abgeschmeckt.

Steckrüben-Apfel-Gemüse mit Bratwürsten

Für 4 Personen
Zubereitungszeit: ca. 35 Min.
Pro Portion: ca. 630 kcal

1 Steckrübe (ca. 500 g)
1 Zwiebel
1 TL Koriandersamen
1 EL Butter
2 EL Öl
1 TL getrockneter Majoran
200 ml Gemüsebrühe
2 säuerliche Äpfel (ca. 350 g)
Salz | schwarzer Pfeffer
frisch geriebene Muskatnuss
600 g rohe Bratwürste
1 EL Zitronensaft oder Apfelessig
1 TL Apfeldicksaft

1. Die Steckrübe schälen und ca. 1 cm groß würfeln. Die Zwiebel schälen, vierteln und in feine Streifen schneiden.

2. Den Koriander in einem Topf bei mittlerer Hitze unter Rühren ca. 1 Min. rösten. Im Mörser fein zerstoßen. Die Butter und 1 EL Öl in den Topf geben, die Zwiebelstreifen und die Steckrüben darin andünsten. Koriander und Majoran kurz mitdünsten. Mit der Brühe ablöschen und das Gemüse zugedeckt bei schwacher Hitze ca. 10 Min. dünsten.

3. Inzwischen die Äpfel vierteln, schälen, vom Kerngehäuse befreien und ebenfalls in Würfel schneiden. Die Apfelwürfel zum Gemüse geben, alles mit Salz, Pfeffer und Muskat abschmecken und ca. 10 Min. weiterdünsten, bis das Gemüse bissfest ist.

4. Inzwischen das restliche Öl in einer Pfanne erhitzen, die Bratwürste darin bei mittlerer Hitze auf beiden Seiten schön braun braten. Das Gemüse mit dem Zitronensaft oder Essig, dem Dicksaft und eventuell noch etwas Salz und Pfeffer abschmecken und mit den Bratwürsten servieren.

Steckrübenpüree mit Lammkoteletts

800 g Steckrüben schälen, in ca. 3 cm große Würfel schneiden und in einem Dämpfeinsatz über kochendem Wasser in ca. 15 Min. weich dämpfen. Inzwischen 8 Lammkoteletts mit einem feuchten Tuch abreiben. 1 TL frische Thymianblättchen mit der abgeriebenen Schale von ½ Bio-Zitrone und 4 EL Olivenöl mischen. Die Lammkoteletts salzen, pfeffern und mit dem Öl einpinseln. In einer Pfanne 2 EL Olivenöl erhitzen, die Koteletts darin auf beiden Seiten kräftig anbraten, dann bei mittlerer Hitze pro Seite 2 ½ Min. braten. Inzwischen die Steckrüben in einer vorgewärmten Schüssel mit dem Kartoffelstampfer zerdrücken. 2 EL Butter und 2 EL Crème fraîche mit dem Schneebesen unterschlagen und das Püree mit Salz und Pfeffer abschmecken. Zu den Koteletts servieren.

Fenchel-Spinat-Polenta

Für 4 Personen
Zubereitungszeit: ca. 40 Min.
Pro Portion: ca. 585 kcal

ca. 1⅛ l Gemüsebrühe
250 g Polenta
1 Fenchelknolle
750 g Wurzelspinat
Salz
1 rote Zwiebel
1 getrocknete Chilischote
4 EL Olivenöl
50 ml trockener Weißwein (ersatzweise Gemüsebrühe)
schwarzer Pfeffer
frisch geriebene Muskatnuss
150 g Blauschimmelkäse

1. Die Brühe zum Kochen bringen. Die Polenta mit dem Schneebesen einrühren und bei schwacher Hitze zugedeckt in ca. 30 Min. körnig ausquellen lassen. Ab und zu umrühren. Inzwischen den Fenchel waschen, putzen, vierteln und in feine Streifen schneiden. Das zarte Grün beiseitelegen. Den Spinat verlesen, waschen und in kochendem Salzwasser in ca. 1 Min. zusammenfallen lassen (siehe S. 87). Kalt abschrecken und abtropfen lassen.

2. Die Zwiebel schälen, vierteln und in feine Streifen schneiden. Die Chilischote im Mörser fein zerstoßen. Zwiebel und Fenchel mit Chili im Olivenöl unter Rühren bei mittlerer Hitze ca. 5 Min. dünsten. Spinat dazugeben, mit dem Wein mischen und mit Salz, Pfeffer und Muskat abschmecken. Das Gemüse bis zum Servieren zugedeckt bei schwacher Hitze warm halten.

3. Den Käse vierteln. Je 1 großen Löffel Polenta auf vier Teller geben und flach streichen. Je 1 Käsestück darauflegen und die Polenta so darauf verteilen, dass der Käse komplett eingepackt ist und in der Polenta schmelzen kann. Das Gemüse abschmecken und dazu anrichten. Sofort servieren.

SELLERIE-QUARK-PFLANZERL

Für 4 Personen
Zubereitungszeit: ca. 35 Min.
Pro Portion: ca. 310 kcal

500 g Knollensellerie
Salz
80 g altbackenes Krustenbrot
100 ml Milch
2 Eier (Größe M)
100 g Blauschimmelkäse
150 g Quark
schwarzer Pfeffer
2 EL Butterschmalz

1. Den Sellerie putzen, schälen, in gut 2 cm große Würfel schneiden und in kochendem Salzwasser in ca. 10 Min. weich kochen. Abgießen und ausdampfen lassen. Das Brot in Scheiben schneiden. Die Milch mit den Eiern verquirlen und darübergeben. Den Käse klein würfeln.

2. Den Sellerie durch die Kartoffelpresse zum Brot drücken. Käse und Quark dazugeben, salzen, pfeffern und gründlich verkneten. Aus dem Teig zwölf ca. 2 cm dicke Pflanzerl formen (wenn der Teig zu flüssig ist, mit einem Löffel Portionen abstechen).

3. Das Butterschmalz erhitzen und die Pflanzerl in die Pfanne setzen. Bei mittlerer Hitze pro Seite ca. 5 Min. goldbaun braten. Die Pflanzerl servieren, z. B. mit dem Rote-Bete-Salat.

SO SCHMECKT'S MIR

Für den Rote-Bete-Salat 500 g gegarte Rote Bete schälen und in Stifte schneiden. 2 EL Rotweinessig mit 1 TL Senf, etwas Salz und Pfeffer verrühren. 4 EL Rapsöl unterschlagen. Etwas Meerrettich dazureiben, die Kresse von 1 Kästchen abschneiden und dazugeben. Die Rote Bete untermischen, den Salat abschmecken.

Pilzgraupen mit Chicorée

Für 4 Personen
Zubereitungszeit: ca. 50 Min.
Pro Portion: ca. 445 kcal

400 g Chicorée
1 Stück Lauch (grüner Teil)
2 Knoblauchzehen
3 EL Butter
250 g Rollgerste (Gerstengraupen)
1 TL rosenscharfes Paprikapulver
ca. 900 ml Gemüsebrühe
250 g Champignons oder Egerlinge
½ Bund Petersilie
150 g Blauschimmelkäse
¼ Bio-Zitrone
Salz | schwarzer Pfeffer

Außerdem:
frisch geriebener Parmesan zum Servieren

1. Vom Chicorée welke Blätter entfernen und das Strunkende abschneiden. Den Chicorée waschen und in Streifen schneiden. Das Lauchstück waschen und in feine Streifen schneiden. Knoblauch schälen und fein hacken.

2. In einem Topf die Hälfte der Butter zerlassen und den Chicorée, die Lauchstreifen und den Knoblauch darin andünsten. Die Graupen dazugeben und gut untermischen. Das Paprikapulver darüberstäuben und kurz anrösten. Ein Viertel der Brühe dazugießen und die Graupen zugedeckt bei schwacher bis mittlerer Hitze in ca. 35 Min. bissfest garen. Dabei nach und nach die übrige Brühe dazugeben und häufig umrühren.

3. Inzwischen die Pilze mit Küchenpapier sauber reiben und die Stielenden abschneiden. Die Petersilie waschen und trocken schütteln, die Blätter abzupfen und fein hacken. Den Käse in kleine Würfel schneiden. Das Zitronenstück heiß waschen und abtrocknen, die Schale fein abreiben.

4. Die Pilze in feine Scheiben schneiden. Die übrige Butter zerlassen und die Pilze darin bei mittlerer Hitze unter Rühren leicht braun braten. Salzen und mit Petersilie, Käse und Zitronenschale unter die Graupen mischen. Alles unter Rühren erhitzen, bis der Käse schmilzt. Die Graupen mit Salz und Pfeffer abschmecken und gleich mit dem Parmesan servieren.

Gelbe-Bete-Risotto

500 g Gelbe Bete und 1 rote Zwiebel schälen und klein würfeln. Die Nadeln von 1 Zweig Rosmarin fein schneiden, mit Gelben Beten und Zwiebel in 1 EL Butter andünsten. 350 g Risottoreis einrühren. Mit 50 ml trockenem Weißwein ablöschen. Alles mit 1 ½ l heißer Gemüsebrühe in ca. 20 Min. wie oben beschrieben bissfest garen. 50 g Parmesan mit der abgeriebenen Schale von ½ Bio-Orange, 1 EL gehackter Petersilie und 2 EL Butterflöckchen untermischen, mit Salz und rosenscharfem Paprikapulver abschmecken und mit Parmesan servieren.

Petersilienwurzel-Tortilla mit Schinken

Für 4 Personen
Zubereitungszeit: ca. 45 Min.
Pro Portion: ca. 440 kcal

800 g Petersilienwurzeln
1 Stange Lauch
2 Knoblauchzehen
4 Zweige Rosmarin
1 getrocknete Chilischote
75 g roher Schinken
(z. B. Serrano-Schinken)
6 EL Olivenöl
Salz
6 Eier (Größe M)

1. Die Petersilienwurzeln putzen, schälen und mit dem Gemüsehobel in feine Scheiben teilen. Vom Lauch die Wurzel und die welken Teile abschneiden. Den Lauch der Länge nach aufschneiden und gründlich waschen, auch zwischen den Schichten. Den Lauch in feine Streifen schneiden.

2. Den Knoblauch schälen und in dünne Scheiben schneiden. Den Rosmarin waschen und trocken schütteln, die Nadeln abzupfen und mit der Chilischote fein schneiden. Den Schinken eventuell vom Fettrand befreien und in Streifen schneiden.

3. In einer großen Pfanne 3 EL Öl erhitzen, die Petersilienwurzelscheiben einrühren und bei mittlerer Hitze ca. 5 Min. dünsten, dabei ab und zu durchrühren. Lauch, Knoblauch und die Rosmarinmischung unterrühren und alles weitere 2 Min. braten. Den Schinken einrühren und die Mischung salzen.

4. Die Eier mit Salz in einer Schüssel verquirlen und die Petersilienwurzelmischung einrühren. Das restliche Öl in der Pfanne erhitzen, die Eiermischung hineingießen und gleichmäßig in der Pfanne verteilen. Bei schwacher bis mittlerer Hitze ca. 10 Min. braten. Die Tortilla vom Rand der Pfanne lösen, auf einen Teller gleiten lassen und mit der ungebackenen Seite nach unten zurück in die Pfanne stürzen. Bei gleicher Hitze 5 Min. backen. Die Tortilla in Stücke schneiden und warm oder lauwarm servieren.

Dazu reiche ich gerne einen Salat, z. B. Feldsalat mit Kürbiskernen oder Chicorée mit Orangenstückchen.

So schmeckt's mir auch

Versuchen Sie statt Petersilienwurzeln auch einmal Kürbis, Gelbe Beten oder Steckrüben, jeweils in dünne Scheiben geschnitten und bissfest gebraten. Für Vegetarier lasse ich den Schinken weg und rühre gewürfelten Käse, z. B. Manchego, unter die Masse.

Panierte Chicoréeviertel mit Speck-Aprikosen

Für 4 Personen
Zubereitungszeit: ca. 45 Min.
Quellzeit: ca. 30 Min.
Pro Portion: ca. 770 kcal

Für die Speck-Aprikosen:
100 g getrocknete Aprikosen
150 ml trockener Weißwein (ersatzweise Quittensaft)
1 rote Zwiebel
2 Knoblauchzehen
1 Stück Ingwer (ca. 2 cm)
2 rote Chilischoten
100 g Frühstücksspeck in dünnen Scheiben
2 EL Olivenöl
200 g passierte Tomaten
2 TL Honig
1 EL Zitronensaft
Salz

Für den Chicorée:
3 dicke Chicoréestauden (ca. 750 g)
Salz
150 g altbackenes dunkles Brot (ersatzweise Semmelbrösel)
1 TL Koriandersamen
50 g Mehl
2 Eier (Größe M)
100 g Butterschmalz

1. Für die Speck-Aprikosen die Aprikosen mit dem Wein einmal aufkochen. Ca. 30 Min. quellen und weich werden lassen. Inzwischen die Zwiebel schälen, vierteln und in Streifen schneiden. Den Knoblauch und den Ingwer schälen und fein würfeln. Die Chilischoten waschen, vom Stiel befreien und mit den Kernen in feine Ringe schneiden.

2. Die Aprikosen aus der Einweichflüssigkeit nehmen und in Streifen schneiden. Den Speck ebenfalls in Streifen schneiden und mit der Zwiebel im Öl bei mittlerer Hitze einige Min. anbraten. Knoblauch, Ingwer und Chili dazugeben und kurz mitbraten.

3. Die Aprikosen, die Einweichflüssigkeit und die Tomaten dazugeben. Mit dem Honig, dem Zitronensaft und Salz abschmecken und offen bei schwacher Hitze ca. 15 Min. köcheln lassen.

4. Den Chicorée von den Strunkenden und allen welken Blättern befreien, waschen und der Länge nach in Viertel schneiden. In einem weiten Topf Wasser zum Kochen bringen und salzen. Die Chicoréeviertel einlegen und bei starker Hitze 1 Min. kochen lassen. Herausheben, kalt abschrecken und abtropfen lassen.

5. Das Brot in Stücke brechen und mit dem Koriander in der Küchenmaschine fein zerkleinern. Oder den Koriander im Mörser zerdrücken und mit den Semmelbröseln mischen. Das Mehl auf einen Teller geben, die Eier in einen anderen Teller aufschlagen und mit einer Gabel verquirlen.

6. Die Chicoréeviertel zuerst im Mehl wenden, überschüssiges Mehl abschütteln. Dann durch die Eier ziehen und zum Schluss in den Bröseln wenden. Das Butterschmalz in zwei großen Pfannen erhitzen. Die Chicoréeviertel darin bei mittlerer Hitze pro Seite in 4 – 5 Min. knusprig braten, aus der Pfanne nehmen und sofort mit den Speck-Aprikosen servieren.

Für ganz Hungrige reiche ich Weißbrot dazu.

Darf ich vorstellen:

DER TOPINAMBUR

Ich geb's ja zu, ein bisschen komisch sieht er schon aus, der Topinambur. Macht aber nix, bei dieser Knolle kommt es auf die inneren Werte an – und die sind großartig!

Roh erinnert Topinambur ein bisschen an Artischocke. Er heißt deswegen auch Erd-Artischocke und passt besonders gut zu Kresse oder Petersilie. Beim Garen wird die Wurzel ein bisschen süßer und schmeckt wunderbar als cremige Suppe, im Eintopf geschmort oder auch einfach gebraten. Topinambur gibt es übrigens in verschiedenen Farbtönen: Die Schale kann rötlich, aber auch beigebräunlich sein. Hier gilt: je heller die Farbe, desto feiner der Geschmack.

Wir waren aber gerade bei den inneren Werten: Topinambur ist sehr gesund! Er steckt voller Inulin, einem Ballaststoff, den Diabetiker sehr gut vertragen und der lange satt macht. Es gab sogar Zeiten, da war Topinambur ein beliebtes Sattmacher-gemüse – bis ihm die Kartoffel den Rang ablief. Topinambur machte stattdessen eine Karriere als Futterpflanze. Immerhin als eine ziemlich hübsche, denn Topinambur ist mit der Sonnenblume verwandt und blüht leuchtend gelb.

Mittlerweile gibt es Topinambur aber wieder auf dem Markt: Kaum werden die Tage ein bisschen kürzer, tauchen die ersten Knollen auf. Ich kaufe nur pralle und glänzende Knollen – wenn sie sich biegen lassen, sind sie schon älter, oft trocken und schmecken nicht mehr. Zu Hause ist Topinambur dann am besten im Gemüsefach aufgehoben. Ich wickle die Knollen in ein Stück Papier, dann bleiben sie locker ein paar Tage frisch. Zum Schälen reichen dann ein Sparschäler und ein kleines Gemüsemesser, mit dem man auch die schwer zugänglichen Stellen erreicht (auf Seite 143 wird das Schälen noch mal genauer erklärt) – und dann gibt's zum Beispiel das Topinamburpüree.

TIPP

Wenn Sie die Knollen nach dem Garen noch braten oder auch pürieren möchten, sollten Sie sie ungeschält kochen. Danach lässt sich die Haut fast wie bei der Kartoffel einfach abziehen.

Topinamburpüree mit schwarzem Sesam

Für 4 Personen
Zubereitungszeit: ca. 25 Min.
Pro Portion: ca. 270 kcal

800 g Topinambur
Salz
50 g Butter
100 g Crème fraîche
schwarzer Pfeffer
frisch geriebene Muskatnuss
2 EL schwarze Sesamsamen
rosenscharfes Paprikapulver

1. Die Topinamburen je nach Größe unter fließendem Wasser gründlich abbürsten oder mit dem Sparschäler schälen und in grobe Stücke schneiden (siehe S. 143). Mit Wasser bedeckt in einen Topf geben, Salz hinzufügen und das Wasser zum Kochen bringen. Die Topinamburen zugedeckt bei mittlerer Hitze in ca. 10 Min. weich kochen.

2. Abgießen und etwas ausdampfen lassen, dann durch die Kartoffelpresse drücken. 3 EL Butter würfeln und mit der Crème fraîche mit dem Schneebesen unter das Topinamburpüree schlagen. Das Püree mit Salz, Pfeffer und Muskat abschmecken.

3. Die übrige Butter zerlassen, den Sesam darin unter Rühren bei mittlerer Hitze leicht anrösten. Mit 1 Prise Paprikapulver und Salz abschmecken. Das Topinamburpüree in eine Schüssel füllen und die Butter mit dem Sesam darüberlaufen lassen.

Das Püree passt wunderbar zu Lamm oder Geflügel.

So schmeckt's mir auch

Statt Sesam passen auch andere Nüsse und Samen zum Topinambur – vor allem Haselnüsse und Walnüsse.

Rosmarin-Topinambur

Für 4 Personen
Zubereitungszeit: ca. 10 Min.
Backzeit: ca. 25 Min.
Pro Portion: ca. 220 kcal

600 g Topinambur
4 Zweige Rosmarin
4 EL Olivenöl
Fleur de Sel
schwarzer Pfeffer

1. Den Backofen auf 220° vorheizen und das Backblech mit Backpapier auslegen.

2. Die Topinamburen je nach Größe gründlich abbürsten oder schälen und in gut ½ cm dicke Scheiben schneiden (siehe S. 143). Den Rosmarin waschen und trocken schütteln. Die Nadeln abzupfen und fein hacken.

3. Die Topinamburscheiben mit dem Rosmarin und dem Olivenöl mischen und auf dem Backblech verteilen. Mit Fleur de Sel und Pfeffer bestreuen und im heißen Ofen (Mitte) 20 – 25 Min. backen, bis sie bissfest und leicht gebräunt sind. Zwischendurch ein- bis zweimal durchrühren.

So schmeckt's mir

Ich serviere den Rosmarin-Topinambur gerne als Beilage, z. B. zu Lammkoteletts oder gebratener Hähnchenbrust, aber auch zu Getreidebratlingen.

Grünkohl-Malfatti mit Kürbisbutter

Für 4 Personen
Zubereitungszeit: ca. 1 Std.
Pro Portion: ca. 480 kcal

500 g Grünkohl
Salz
250 g Ricotta
2 Eier (Größe M)
100 g frisch geriebener Parmesan
100 g Mehl
schwarzer Pfeffer
frisch geriebene Muskatnuss
1 Stück Muskatkürbis (ca. 200 g)
4 Salbeiblättchen
1 Stück Bio-Zitronenschale (ca. 2 cm)
2 EL Pinienkerne
80 g Butter
2 EL Olivenöl

1. Den Grünkohl waschen und die Blätter von den Stielen streifen oder schneiden (siehe S. 55). In einem Topf Wasser zum Kochen bringen und salzen. Den Grünkohl darin bei starker Hitze ca. 5 Min. sprudelnd kochen lassen. In einem Sieb kalt abschrecken und abtropfen lassen. Sehr gut ausdrücken und fein hacken.

2. Den Ricotta mit den Eiern, dem Parmesan und dem Mehl gründlich verrühren, den Grünkohl untermischen und alles mit Salz, Pfeffer und Muskat abschmecken.

3. In einem großen Topf reichlich Wasser zum Kochen bringen und salzen. Inzwischen aus dem Kürbis die Kerne mitsamt dem weichen Fruchtfleisch herausschaben (siehe S. 113). Den Kürbis schälen und zuerst in dünne Scheiben, dann in feine Streifen schneiden. Die Salbeiblättchen waschen und mit der Zitronenschale in feine Streifen schneiden.

4. Von der Ricottamasse mit zwei Teelöffeln Nocken abstechen und ins leicht siedende Wasser gleiten lassen. Die Malfatti darin bei schwacher Hitze in ca. 10 Min. gar ziehen lassen.

5. Inzwischen die Pinienkerne in einer Pfanne ohne Fett bei mittlerer Hitze goldgelb rösten und wieder herausnehmen. Die Butter und das Öl in die Pfanne geben und die Kürbisstreifen einrühren. Ca. 4 Min. braten, bis sie bissfest und leicht gebräunt sind. Dann den Salbei und die Zitronenschale untermischen und den Kürbis mit Salz und Pfeffer abschmecken.

6. Die Malfatti mit einem Schaumlöffel aus dem Wasser heben und auf tiefe Teller verteilen. Die Kürbisbutter darüberlöffeln, die Pinienkerne aufstreuen. Die Malfatti gleich servieren.

Dazu reiche ich frisch geriebenen Parmesan.

Haben Sie's gewusst?

Malfatti – Schlechtgemachte – heißen sie in Italien deshalb, weil sie ungleichmäßig geformt sind. Das ist ja gewissermaßen ein Freibrief, sich beim Formen nicht allzu viel Mühe zu machen.

Kärntner Kasnudeln mit Steckrüben

Für 4 Personen
Zubereitungszeit: ca. 1 Std. 30 Min.
Pro Portion: ca. 700 kcal

Für den Teig:
300 g Mehl
1 TL Salz
3 Eier (Größe M)
1 EL Öl

Für die Füllung:
1 Stück Steckrübe (300 g)
Salz
1 altbackenes Brötchen
50 ml Milch
1 Zwiebel
2 Knoblauchzehen
je ½ Bund Minze und Petersilie
1 EL Butter
250 g Topfen (oder Magerquark)
schwarzer Pfeffer
frisch geriebene Muskatnuss

Außerdem:
100 g Butter zum Servieren

1. Für den Teig das Mehl mit dem Salz mischen. Die Eier und das Öl dazugeben und alles kräftig verkneten, bis ein gut gebundener, glatter Teig entstanden ist. Den Teig zur Kugel formen, in ein sauberes Küchentuch wickeln und bei Zimmertemperatur ruhen lassen, bis die Füllung vorbereitet ist.

2. Dafür die Steckrübe schälen und in ca. 1 cm große Würfel schneiden. In einen Topf geben und ca. 4 cm hoch Wasser dazugießen. Das Wasser salzen und zum Kochen bringen. Die Steckrübenwürfel zugedeckt bei schwacher Hitze in ca. 15 Min. weich kochen. Abgießen und ausdampfen lassen, dann durch die Kartoffelpresse in eine Schüssel drücken.

3. Das Brötchen würfeln, mit der Milch begießen und einweichen. Die Zwiebel und den Knoblauch schälen und fein schneiden. Die Kräuter waschen und trocken schütteln, die Blätter abzupfen und ebenfalls fein schneiden. Die Butter zerlassen, die Zwiebel und den Knoblauch darin andünsten. Die Kräuter dazugeben und nur zusammenfallen lassen.

4. Das Brötchen ausdrücken und zerpflücken, mit der Zwiebelmischung und dem Topfen zu den Steckrüben geben und gut mischen. Mit Salz, Pfeffer und Muskat abschmecken.

5. Den Teig – am besten mit der Nudelmaschine – zu dünnen Platten ausrollen und Kreise von ca. 10 cm ø ausstechen. Jeweils auf einer Hälfte der Teigkreise ewas Füllung verteilen, die Kreise zusammenklappen und die Ränder mit den Zinken einer Gabel gut zusammendrücken.

6. In einem großen Topf reichlich Wasser zum Kochen bringen und salzen. Die Kasnudeln darin in ca. 4 Min. bissfest kochen. Inzwischen die Butter zum Servieren in einer Pfanne zerlassen und leicht bräunen. Die Kasnudeln mit einem Schaumlöffel aus dem Wasser heben, abtropfen lassen, auf tiefe Teller verteilen und mit etwas Butter beträufeln. Gleich servieren.

Krautfleckerl mit Speck

Für 4 Personen
Zubereitungszeit: ca. 45 Min.
Ruhezeit: 1 Std. 30 Min.
Pro Portion: ca. 785 kcal

300 g Mehl
Salz
3 Eier (Größe M)
2 EL Öl
½ Weiß- oder Spitzkohl (ca. 600 g)
150 g durchwachsener Räucherspeck
½ Bund Petersilie
1 EL Butter
2 TL Kümmelsamen
schwarzer Pfeffer
200 g saure Sahne

1. Das Mehl mit 1 TL Salz mischen. Eier und 1 EL Öl dazugeben und alles kräftig verkneten, bis ein gut gebundener, glatter Teig entstanden ist. Den Teig zur Kugel formen, in ein sauberes Küchentuch wickeln und bei Zimmertemperatur ca. 30 Min. ruhen lassen. Am besten mit der Nudelmaschine zu dünnen Platten ausrollen und in Rauten schneiden. Auf bemehlten Küchentüchern ausbreiten und ca. 1 Std. trocknen lassen. Dabei einmal wenden.

2. Den Kohl waschen, die Blätter vom Mittelstrunk befreien und in Rauten schneiden. Speck fein würfeln. Petersilie waschen, die Blättchen fein hacken. Butter und übriges Öl in einer Pfanne erhitzen, den Speck und den Kümmel einrühren und bei mittlerer Hitze in 3 – 4 Min. glasig braten. Die Krautfleckerl dazugeben und 5–8 Min. braten, bis sie bissfest sind. Das Gemüse anschließend mit Salz und Pfeffer abschmecken.

3. Gleichzeitig reichlich Wasser zum Kochen bringen und salzen. Die Nudelfleckerl darin in ca. 3 Min. bissfest kochen. In ein Sieb abgießen, abtropfen lassen und mit der Petersilie zu den Krautfleckerln in die Pfanne geben. Gut mischen und abschmecken. Locker mit der Sahne verrühren, auf Teller verteilen und servieren.

Bandnudeln mit Wirsing

Für 4 Personen
Zubereitungszeit: ca. 30 Min.
Pro Portion: ca. 665 kcal

400 g Wirsingblätter
2 Schalotten
5 EL Olivenöl
2 TL Kümmelsamen
200 ml Gemüsebrühe
Salz
400 g Bandnudeln
100 g roher Schinken in dünnen Scheiben
1 Bio-Zitrone
schwarzer Pfeffer

1. Die Wirsingblätter waschen, den harten Strunk aus der Mitte herausschneiden. Wirsingblätter längs halbieren, dann quer in ca. 1 cm breite Streifen schneiden. Schalotten schälen, vierteln und in feine Streifen schneiden. 2 EL Öl in einem Topf erhitzen und die Schalotten darin mit dem Kümmel andünsten. Den Wirsing dazugeben und kurz mitdünsten. Die Brühe dazugießen und den Wirsing zugedeckt bei schwacher bis mittlerer Hitze in ca. 15 Min. bissfest dünsten.

2. Für die Nudeln reichlich Wasser zum Kochen bringen und salzen. Die Nudeln darin nach Packungsangabe bissfest kochen. Inzwischen den Schinken in feine Streifen schneiden. Die Zitrone heiß waschen und abtrocknen, die Schale fein abreiben und in einer vorgewärmten Schüssel mit dem Schinken und dem restlichen Olivenöl mischen und pfeffern.

3. Die Nudeln abgießen und mit dem Wirsing zu den Schinkenstreifen in die Schüssel geben. Alles gut mischen und heiß servieren.

Dazu gibt's frisch geriebenen Parmesan. Ich stelle auch gerne die Olivenölflasche mit auf den Tisch und aromatisiere die Nudeln mit ein paar Tropfen davon.

Kartoffelblinis mit Rettich-Apfel-Salat

Für 4 Personen
Zubereitungszeit: ca. 40 Min.
Pro Portion: ca. 435 kcal

Für den Salat:
2 säuerliche Äpfel (ca. 300 g)
1 EL Zitronensaft
1 schwarzer Winterrettich (ca. 500 g)
1 Kästchen Gartenkresse
200 g saure Sahne
1 TL scharfer Senf
1 EL Rapsöl
½ TL Ahornsirup
Salz | schwarzer Pfeffer

Für die Blinis:
800 g vorwiegend festkochende Kartoffeln
1 Stange Lauch
1 Ei (Größe L)
5 EL Buchweizenmehl
Salz | schwarzer Pfeffer
3 EL Butterschmalz

1. Für den Salat die Äpfel vierteln, schälen und von den Kerngehäusen befreien. Mit der feinen Seite der Rohkostreibe in eine Schüssel raspeln und mit dem Zitronensaft mischen. Den Rettich schälen und dazu raspeln. Die Kresse abschneiden und ebenfalls untermischen. Die saure Sahne mit dem Senf, dem Öl, dem Ahornsirup, Salz und Pfeffer verrühren und unter die Apfelmischung rühren. Den Salat abschmecken.

2. Für die Blinis die Kartoffeln schälen, waschen und fein reiben. Die Flüssigkeit, die sich dabei bildet, abgießen. Vom Lauch die Wurzel und die welken Teile abschneiden. Den Lauch der Länge nach aufschneiden und gründlich waschen, auch zwischen den Schichten. Den Lauch fein schneiden.

3. Die Kartoffeln mit dem Lauch, dem Ei und dem Buchweizenmehl gründlich mischen und mit Salz und Pfeffer abschmecken. Das Schmalz in zwei großen Pfannen erhitzen. Von der Kartoffelmasse Häufchen in die Pfanne setzen, leicht flach drücken und bei mittlerer Hitze 4–5 Min. braten. Umdrehen und noch mal 4–5 Min. braten. Die Blinis mit dem Salat servieren.

Kartoffel-Sauerkraut-Puffer

500 g Sauerkraut abtropfen lassen und klein schneiden. 300 g mehligkochende Kartoffeln schälen, waschen und fein raspeln. Die Flüssigkeit, die sich dabei bildet, abgießen. Kraut und Kartoffeln mit 4 EL Mehl und 1 Ei (Größe L) gut verrühren und mit Salz, Pfeffer und rosenscharfem Paprikapulver abschmecken.
2 EL Butterschmalz in zwei Pfannen erhitzen. Von dem Teig mit einem Esslöffel Häufchen in die Pfannen setzen, flach streichen und bei mittlerer Hitze 4 – 5 Min. braten. Wenden und wieder 4 – 5 Min. braten. Frisch mit Apfelmus oder Salat servieren.

GEBRATENER REIS MIT LAUCH UND CHINAKOHL

Für 4 Personen
Zubereitungszeit: ca. 30 Min. + Reiskochen
Ruhezeit: mind. 2 Std.
Pro Portion: ca. 700 kcal

300 g Langkornreis
Salz
100 g frische Erdnusskerne
1 getrocknete Chilischote
5 EL Öl
1 dicke Stange Lauch
250 g Chinakohl
1 Stück Ingwer (ca. 4 cm)
2 Knoblauchzehen
2 Eier (Größe M)
2 EL süße Chilisauce
4 EL Sojasauce
¼ Bund Koriander

1. Den Reis mit der doppelten Menge Wasser und Salz zum Kochen bringen und zugedeckt bei sehr schwacher Hitze in 15 – 20 Min. körnig ausquellen lassen. Den Reis offen abkühlen lassen, mindestens 2 Std., noch besser über Nacht.

2. Die Erdnusskerne mittelgrob hacken. Die Chilischote im Mörser zerstoßen. In einem Pfännchen 1 EL Öl mit den Chilibröseln erhitzen, die gehackten Erdnusskerne unterrühren und bei mittlerer Hitze 1 – 2 Min. knusprig anrösten. Salzen und auf einem Teller beiseitestellen.

3. Vom Lauch die Wurzel und die welken Teile abschneiden. Den Lauch der Länge nach aufschneiden und gründlich waschen, auch zwischen den Schichten. Den Lauch in ca. ½ cm breite Streifen schneiden. Den Chinakohl waschen und ebenfalls in schmale Streifen schneiden.

4. Den Ingwer und den Knoblauch schälen und fein hacken. Die Eier mit der Chili- und der Sojasauce gründlich verrühren. Den Koriander waschen und trocken schütteln, die Blättchen abzupfen und grob hacken.

5. In einer großen Pfanne 2 EL Öl erhitzen. Den Reis gleichmäßig darin verteilen. Bei starker Hitze 2 – 3 Min. braten, bis er knusprig wird, dabei nicht umrühren. In Stücken wenden und wieder 2 – 3 Min. braten. Den Reis auf einem Teller beiseitestellen.

6. Das übrige Öl in die Pfanne geben und das Gemüse darin bei mittlerer Hitze unter Rühren ca. 2 Min. braten. Ingwer und Knoblauch dazugeben und kurz weiterbraten. Den Reis wieder untermischen und noch einmal richtig heiß werden lassen. Die Eiermischung unterrühren und auf der abgeschalteten Herdplatte rühren, bis sie gestockt, aber nicht trocken ist. Mit Salz abschmecken und vor dem Servieren mit den Erdnüssen und dem Koriander bestreuen.

Eine marokkanische Spezialität, die durch die feinen Gewürze besticht. Sie sieht in der Tajine-Form besonders schön aus, gelingt aber auch im Schmortopf.

Gemüse-Tajine mit Kaninchen

Für 4 Personen
Zubereitungszeit: ca. 30 Min.
Garzeit: ca. 45 Min.
Pro Portion: ca. 560 kcal

1 Döschen Safranfäden (0,1 g)
400 ml Gemüsebrühe
1 großes Bund Koriander
½ Bund Petersilie
2 Knoblauchzehen
je 1 EL edelsüßes Paprikapulver und gemahlener Koriander
je 2 TL Ras-el-hanout (marokkanische Gewürzmischung) und rosenscharfes Paprikapulver
2 EL Zitronensaft
2 EL Olivenöl | Salz
4 Kaninchenkeulen (jeweils einmal durchschneiden lassen)
je 250 g Topinambur, Pastinaken und Möhren (eine Farbe oder gemischt)

1. Den Safran zwischen den Fingern leicht zerreiben und mit der Brühe mischen. Die Safranbrühe zugedeckt stehen lassen, bis die übrigen Zutaten vorbereitet sind.

2. Den Koriander und die Petersilie waschen und trocken schütteln, die Blättchen abzupfen und fein schneiden. Den Knoblauch schälen und sehr fein hacken oder durch die Presse drücken. Die Kräuter und den Knoblauch mit den gemahlenen Gewürzen, dem Zitronensaft und dem Öl in einem kleinen Schälchen mischen und mit Salz würzen.

3. Die Kaninchenstücke waschen, trocken tupfen und mit der Gewürzmischung vermengen. Das Wurzelgemüse putzen, schälen und in mundgerechte Stücke schneiden.

4. Die Kaninchenstücke und das Gemüse in einer Tajine-Form oder in einem Schmortopf (am besten aus Gusseisen) mischen und auf dem Herd erhitzen, bis Kaninchen und Gemüse leicht bräunen. Zwischendurch einmal durchrühren.

5. Dann die Safranbrühe dazugießen und alles zugedeckt bei schwacher bis mittlerer Hitze ca. 45 Min. schmoren, bis Fleisch und Gemüse gar sind. Zwischendurch umrühren und bei Bedarf noch Flüssigkeit (Wasser oder Brühe) angießen. Die Tajine abschmecken und heiß servieren.

Dazu reiche ich Fladenbrot.

Topinamburen schälen *Die Schale der Topinamburknollen lässt sich an den glatten Flächen mit einem Sparschäler sehr gut ablösen.*

Topinamburen putzen *Aber die Knollen sind selten regelmäßig geformt. Um sie auch an schwer zugänglichen Stellen schälen zu können, nehmen Sie am besten ein kleines Gemüsemesser.*

Topinamburen weiterverarbeiten *Damit die geschälten Knollen sich nicht braun verfärben, in einer Schüssel Wasser mit Zitronensaft mischen. Die Topinambur bis zur Weiterverarbeitung hineinlegen.*

Wirsingwickerl mit Huhn und Steinpilzen

Für 4 Personen
Zubereitungszeit: ca. 50 Min.
Schmorzeit: 30 Min.
Pro Portion: ca. 335 kcal

20 g getrocknete Steinpilze
¼ l trockener Weißwein (ersatzweise Gemüsebrühe mit 1 TL Zitronensaft)
1 mittelgroßer Wirsing
Salz
60 g altbackenes Weißbrot
300 g Hähnchenbrustfilet
1 Zwiebel
½ Bund Petersilie
2 EL Butter
2 Eier (Größe M)
1 Bio-Orange
schwarzer Pfeffer
rosenscharfes Paprikapulver
1 EL Öl
⅛ l Gemüsebrühe
50 g Sahne

1. Die Steinpilze mit dem Wein mischen und ca. 30 Min. quellen lassen. Inzwischen vom Wirsing 15 Blätter vorsichtig ablösen. In einem großen Topf reichlich Wasser zum Kochen bringen und salzen. Die Wirsingblätter darin ca. 2 Min. sprudelnd kochen lassen. Dann in einem Sieb kalt abschrecken und abtropfen lassen. 3 Blätter fein hacken. Von den restlichen Blättchen die dicken Mittelrippen flacher schneiden.

2. Das Weißbrot mit Wasser bedecken und einweichen. Das Hähnchenfleisch waschen und trocken tupfen, erst in Würfel schneiden, dann mit einem großen, schweren Messer sehr fein hacken.

3. Die Steinpilze abtropfen lassen und klein schneiden. Den Wein durch eine Kaffeefiltertüte gießen. Die Zwiebel schälen und fein würfeln. Die Petersilie waschen und trocken schütteln, die Blätter abzupfen und fein hacken. 1 EL Butter erhitzen, Zwiebel und Pilze darin bei mittlerer Hitze unter Rühren 2 – 3 Min. dünsten. Petersilie dazugeben und zusammenfallen lassen.

4. Das Brot ausdrücken und fein zerpflücken, mit der Zwiebelmischung, dem Hähnchenfleisch, dem gehackten Wirsing und den Eiern in eine Schüssel geben. Die Orange heiß waschen und abtrocknen, die Hälfte der Schale zur Hähnchenmischung reiben. Mit Salz, Pfeffer und 1 Prise Paprika würzen und alles sehr gründlich vermischen. Die Orange auspressen.

5. Die Hähnchenmischung auf den Wirsingblättern verteilen. Die Ränder seitlich nach innen schlagen, die Blätter aufrollen und die Enden mit Zahnstochern befestigen. Die übrige Butter und das Öl in einem weiten Topf oder Bräter erhitzen. Die Wirsingwickerl darin auf beiden Seiten leicht anbraten. Den Orangensaft, die Einweichflüssigkeit von den Pilzen und die Brühe dazugießen. Die Wickerl zugedeckt bei schwacher Hitze ca. 30 Min. garen.

6. Die Wickerl in eine vorgewärmte Schüssel geben. Die Sahne unter die Sauce rühren, die Sauce kräftig aufkochen, salzen, pfeffern und über den Wickerln verteilen. Gleich servieren.

Lauch-Orangen-Gemüse mit Hirschpflanzerln

Für 4 Personen
Zubereitungszeit: ca. 1 Std.
Pro Portion: ca. 460 kcal

Für die Pflanzerl:
2 altbackene Brötchen
400 g Hirschragout
1 Zwiebel
1 Knoblauchzehe
1 Stück Ingwer (ca. 1 cm)
4 Wacholderbeeren
2 Eier (Größe M)
Salz | schwarzer Pfeffer
1 EL Butter
1 EL Öl

Für das Gemüse:
800 g Lauch
Salz
2 Orangen
2 EL Haselnusskerne
½ Bio-Zitrone
2 Knoblauchzehen
2 EL Butter
½ TL frische Thymianblättchen
2 EL Orangenlikör (nach Belieben)
schwarzer Pfeffer

1. Für die Pflanzerl die Brötchen in lauwarmem Wasser einweichen. Das Hirschfleisch waschen und trocken tupfen. Zuerst in kleine Würfel schneiden, dann mit einem großen, schweren Messer sehr fein hacken. Die Zwiebel, den Knoblauch und den Ingwer schälen und mit den Wacholderbeeren fein hacken.

2. Die Brötchen ausdrücken und fein zerpflücken. Mit der Zwiebelmischung, dem Fleisch und den Eiern in eine Schüssel geben, mit Salz und Pfeffer würzen und kräftig durchkneten, bis die Masse gut bindet. Zu acht Pflanzerln formen.

3. Für das Gemüse vom Lauch die Wurzel und die welken Teile abschneiden, die Stangen der Länge nach aufschneiden und gründlich waschen, in gut 1 cm breite Streifen schneiden. Wasser zum Kochen bringen und salzen, Lauch darin ca. 2 Min. sprudelnd kochen lassen, kalt abschrecken und abtropfen lassen.

4. Von den Orangen die Schale so abschneiden, dass auch die weiße Haut entfernt wird. Das Fruchtfleisch zwischen den Trennhäuten herausschneiden und würfeln. Die Haselnusskerne in einer Pfanne rösten, bis die Haut beginnt sich zu lösen. In ein Küchentuch geben und gegeneinander reiben, damit sich die Häute weitestgehend lösen. Die Haselnüsse fein hacken. Die Zitronenhälfte heiß waschen und abtrocknen, die Schale fein abreiben und den Saft auspressen. Den Knoblauch schälen und fein hacken, mit der Zitronenschale und den Haselnüssen mischen.

5. Für die Pflanzerl Butter und Öl in einer großen Pfanne erhitzen. Die Pflanzerl darin bei mittlerer Hitze ca. 6 Min. braten, wenden und noch einmal ca. 6 Min. braten.

6. Für das Gemüse die Butter erhitzen, Thymian und Lauch darin andünsten. Mit dem Orangenlikör ablöschen, salzen, pfeffern und zugedeckt bei schwacher Hitze ca. 5 Min. dünsten. Orangen dazugeben, Lauch mit 1 TL Zitronensaft würzen und eventuell leicht salzen und pfeffern. Mit den Haselnüssen bestreuen. Das Gemüse mit den Pflanzerln servieren.

So kennt man den ja gar nicht!

GRÜNKOHL

Richtig lange gekocht und mit Kartoffeln, Pinkel und Speck serviert – vor allem in Norddeutschland gehört der deftige Grünkohleintopf zum Herbst einfach dazu. Es geht aber auch ein bisschen leichter: Ich liebe Grünkohl als schnellen Salat oder feine Suppe.

Namensvielfalt 1: Grünkohl heißt auch **BRAUNKOHL** – und die Schweizer nennen ihn **FEDERKOHL.**

Je oller, je doller: Je später Grünkohl geerntet wird, desto mehr Traubenzucker enthalten die Blätter und desto milder und bekömmlicher wird der Kohl. Deswegen: Keine Grünkohlernte vor dem ersten **FROST!**

Kohlkult: Zur Eröffnung der Grünkohlsaison kürt man in vielen Regionen Norddeutschlands auf sogenannten Kohlfahrten feierlich den **GRÜNKOHLKÖNIG.**

VITAMIN-BOMBE: Eine Portion Grünkohl deckt bis zu 90 % des Tagesbedarfs an Vitamin C!

Wenn Sie **CAVOLO NERO** (Schwarzkohl) sehen: Zugreifen! Grünkohls italienischer Verwandter mit den länglichen Blättern schmeckt gekocht und mit etwas Olivenöl auf frisch geröstetem Knoblauchbrot nach Urlaub pur.

Grünkohl ist ein wichtiger Bestandteil vieler **GRÜNER SMOOTHIES** – roh bleiben nämlich die gesunden Inhaltsstoffe am besten erhalten.

Namensvielfalt 2: **LIPPISCHE** oder **FRIESISCHE PALME** heißt er im Oldenburger Raum und bezieht sich wohl auf die charaktervolle Silhouette des Grünkohlkopfes.

GRÜNKOHLSALAT MIT APFELDRESSING

Für 4 Personen
Zubereitungszeit: ca. 20 Min.
Pro Portion: ca. 310 kcal

700 g Grünkohl
Salz
1 großer säuerlicher Apfel
½ Bio-Zitrone
2 Knoblauchzehen
1 EL Butter
5 EL Olivenöl
schwarzer Pfeffer

1. Den Grünkohl waschen, die Blätter von den Stielen abstreifen oder schneiden und in grobe Stücke zupfen (siehe S. 55). In einem Topf ca. 5 cm hoch Wasser zum Kochen bringen und salzen. Den Grünkohl darin ca. 5 Min. kochen, bis er bissfest ist.

2. Inzwischen den Apfel vierteln, schälen und vom Kerngehäuse befreien, klein würfeln. Die Zitronenhälfte heiß waschen und abtrocknen, die Schale fein abreiben und den Saft auspressen. Den Knoblauch schälen. In einer kleinen Pfanne die Butter mit 1 EL Öl erhitzen und die Apfelwürfel darin bei mittlerer Hitze unter Rühren in 3 – 4 Min. goldbraun braten. Knoblauch dazupressen, alles leicht salzen und vom Herd nehmen.

3. Den Grünkohl in ein Sieb abgießen und kurz kalt abschrecken. Abtropfen lassen und mit dem Apfel, der Zitronenschale, 1 EL Zitronensaft und dem übrigen Olivenöl mischen. Mit Salz und Pfeffer abschmecken. Am besten lauwarm servieren.

SO SCHMECKT'S MIR

Ich serviere den Salat gerne als kleine Vorspeise, aber auch als Beilage, z. B. zu Fleisch- oder Getreidebratlingen.

GRÜNKOHLSUPPE MIT HACKBÄLLCHEN

Für 4 Personen
Zubereitungszeit: ca. 30 Min.
Pro Portion: ca. 330 kcal

600 g Grünkohl
1–2 rote Chilischoten
2 Knoblauchzehen
1 Stück Ingwer (ca. 2 cm)
2 Frühlingszwiebeln
6 Stiele Koriander oder Minze
½ Bio-Limette
400 g gemischtes Hackfleisch
2 EL Sojasauce
Salz
1 ¼ l Fleisch- oder Gemüsebrühe
Sesamöl zum Beträufeln
(nach Belieben)

1. Den Grünkohl waschen und die Blätter von den Stielen abstreifen oder schneiden und quer in Streifen teilen (siehe S. 55). Die Chilischoten waschen und die Stiele abschneiden. Den Knoblauch und den Ingwer schälen. Die Frühlingszwiebeln putzen und waschen. Koriander oder Minze waschen und trocken schütteln, die Blättchen abzupfen und mit den Chilis, dem Knoblauch, dem Ingwer und den Frühlingszwiebeln fein hacken.

2. Die Limettenhälfte heiß waschen und abtrocknen, die Schale fein abreiben. Mit der Chilimischung zum Hackfleisch geben, mit der Sojasauce und Salz würzen und alle Zutaten gründlich verkneten. Aus der Hackfleischmischung etwa walnussgroße Bällchen formen und diese beiseitestellen.

3. Die Brühe zum Kochen bringen. Den Grünkohl einrühren und offen bei mittlerer Hitze ca. 10 Min. in der Brühe garen. Die Hackbällchen in die Brühe einlegen und in ca. 5 Min. gar ziehen lassen. Die Suppe eventuell mit Salz abschmecken und vor dem Servieren nach Belieben mit etwas Sesamöl beträufeln. Oder die Ölflasche zum Würzen auf den Tisch stellen.

Gulasch mit Wurzelgemüse

Für 4 Personen
Zubereitungszeit: ca. 30 Min.
Schmorzeit: ca. 1 Std. 30 Min.
Pro Portion: ca. 455 kcal

600 g Wurzelgemüse (Möhren, Pastinaken und Knollensellerie)
400 g Zwiebeln oder Lauch
2 Knoblauchzehen
800 g Rindfleisch zum Schmoren (z. B. Wade)
2 EL Butterschmalz
1 EL edelsüßes Paprikapulver
2 TL rosenscharfes Paprikapulver
1 TL gemahlener Kümmel
1 EL Tomatenmark
400 ml Fleischbrühe (ersatzweise Bier)
1 Lorbeerblatt
Salz

1. Die Wurzelgemüse putzen, schälen und in kleine Würfel schneiden. Die Zwiebeln schälen und fein hacken oder vom Lauch die Wurzel und die welken Teile abschneiden, den Lauch waschen und fein schneiden. Den Knoblauch schälen. Das Fleisch in ca. 2 cm große Würfel schneiden.

2. Das Schmalz in einem Topf zerlassen, das Wurzelgemüse mit den Zwiebeln oder dem Lauch darin bei mittlerer Hitze unter Rühren andünsten. Das Fleisch dazugeben und andünsten, bis der Fleischsaft, der dabei austritt, wieder verdampft ist. Beide Sorten Paprika und den Kümmel dazugeben und kurz mitbraten.

3. Das Tomatenmark einrühren und die Brühe angießen. Den Knoblauch dazupressen, Lorbeer dazugeben, das Gulasch salzen und bei schwacher Hitze zugedeckt 1 – 1 ½ Std. schmoren, bis es schön zart ist. Das Gulasch abschmecken und servieren.

Zum Gulasch schmecken mir Bandnudeln mit Butter, feines Kartoffelpüree oder auch Semmelknödel.

Kalbsgulasch mit Schwarzwurzeln

500 g gehackte Zwiebeln mit 1 TL Koriandersamen in Butterschmalz andünsten. 800 g Kalbsgulasch dazugeben und mit 400 ml Brühe ca. 30 Min. garen. 600 g Schwarzwurzeln schälen (siehe S. 101) und in ca. 2 cm lange Stücke schneiden. Zum Fleisch geben und alles weitere 15 – 20 Min. schmoren, bis die Schwarzwurzeln gar sind. 100 g Sahne mit 1 EL scharfem Senf unterrühren. Das Gulasch mit der abgeriebenen Schale von ½ Bio-Zitrone, Salz und Pfeffer abschmecken. Das Kalbsgulasch mit Nudeln oder Kartoffelpüree servieren.

Lammtopf mit Kürbis und Quitten

Für 4 Personen
Zubereitungszeit: ca. 45 Min.
Garzeit: ca. 1 Std. 30 Min.
Pro Portion: ca. 375 kcal

1 Döschen Safranfäden (0,1 g)
800 g Lammschulter oder -keule ohne Knochen
2 Zwiebeln
4 Knoblauchzehen
2 EL Olivenöl
je 2 TL mildes und scharfes Paprikapulver, gemahlener Koriander und Ras-el-hanout (marokkanische Gewürzmischung)
Salz
2 Quitten
1 Stück Kürbis (ca. 600 g)
1 TL Honig

1. Den Safran zwischen den Fingern leicht zerreiben und mit 400 ml Wasser verrühren. Stehen lassen, bis sich das Wasser kräftig orangefarben verfärbt hat.

2. Das Fleisch von größeren Fettstücken und Sehnen befreien und in ca. 2 cm große Würfel schneiden. Die Zwiebeln schälen, vierteln und in Streifen schneiden. Den Knoblauch schälen und in dünne Scheiben schneiden.

3. Das Fleisch in einem Topf mit Zwiebeln, Knoblauch, Öl und allen gemahlenen Gewürzen mischen, salzen und erhitzen. Zugedeckt bei schwacher Hitze ca. 30 Min. schmoren. Dann die Hälfte des Safranwassers dazugießen und das Fleisch zugedeckt weitere 30 Min. garen.

4. Inzwischen die Quitten mit einem Tuch abreiben und den Flaum auf der Schale entfernen. Die Quitten vierteln und das Kerngehäuse herausschneiden. Die Quitten schälen und in 1 cm dicke Scheiben schneiden. Den Kürbis putzen, schälen und in 2 cm große Würfel schneiden (siehe S. 113).

5. Quitten und Kürbis mit dem restlichen Safranwasser unter das Fleisch mischen und alles weitere 20 – 30 Min. schmoren, bis das Fleisch schön zart und Kürbis und Quitten bissfest sind. Das Ragout mit dem Honig und eventuell noch etwas Salz abschmecken und servieren.

Dazu passen Couscous und ein mit Koriander und Salz gewürzter Joghurt ganz wunderbar.

So schmeckt's mir auch

Anstelle von Lammfleisch nehme ich gerne auch Kalbfleisch. Das gare ich nur 30 Min., bevor Quitten und Kürbis dazukommen. Diese Mischung verträgt außerdem einen kleinen Schuss Sahne sehr gut. Zum Kalbfleischtopf serviere ich dann am liebsten Kartoffelpüree.

REGISTER

A

Äpfel
Äpfel mit Kohl-Hackfleisch-Füllung 78
Apfel-Dattel-Joghurt 86
Gerstensuppe mit Pastinaken 59
Grünkohlsalat mit Apfeldressing 150
Kartoffelblinis mit Rettich-Apfel-Salat 138
Kürbisbrot mit Apfel-Senf-Butter 112
Ofenkürbis mit Apfeltatar 98
Rote-Bete-Salat mit Matjes 20
Sauerkrauteintopf mit Schalotten 51
Sauerkrautrohkost mit Trauben 31
Steckrüben-Apfel-Gemüse mit Bratwürsten 118
Aprikosen: Panierte Chicoréeviertel mit Speck-Aprikosen 126
Artischocken (Info) 8
Artischockensalat mit Portulak und Huhn 14
Gratinierte Artischocken mit Sardellenbröseln 76
Asiatischer Kohlsalat mit Hühnerstreifen 36

B

Bandnudeln mit Wirsing 137
Birnen: Grünkohl mit Birnen und Speck 54
Borschtsch mit Entenkeulen 60
Brot
Bruschette mit Rosenkohlpüree 23
Crostini mit Radicchio und Speck 22
Käsesuppe mit Wirsingstreifen 46
Kürbisbrot mit Apfel-Senf-Butter 112
Kürbissuppe mit Croûtons 47
Bruschette mit Rosenkohlpüree 23
Buchweizenspätzle mit Kohl und Bergkäse 92

C

Calzone: Minicalzone mit Roter Bete und Ricotta 96
Chicorée (Info) 8
Chicoréegratin mit Senfsahne 95
Chicoréesuppe mit Nusskernen 65
Panierte Chicoréeviertel mit Speck-Aprikosen 126
Pilzgraupen mit Chicorée 122
Chilischoten
Asiatischer Kohlsalat mit Hühnerstreifen 36
Chinakohl mit Chili und Rosinen 64
Kichererbsen-Curry mit Lauch, Steckrübe und Kohl 116
Kürbis-Frittes mit Chilitomaten 109
Kürbissalat mit Chili 30
Maronensuppe mit frittierten Chilizwiebeln 48
Chinakohl
Chinakohl mit Chili und Rosinen 64
Gebratener Reis mit Lauch und Chinakohl 141
Crostini mit Radicchio und Speck 22

E

Eier
Buchweizenspätzle mit Kohl und Bergkäse 92
Gebratener Reis mit Lauch und Chinakohl 141
Grünkohl-Malfatti mit Kürbisbutter 132
Krautfleckerl mit Speck 136
Kürbistarte mit Zitrone 108
Panierte Chicoréeviertel mit Speck-Aprikosen 126
Pastinaken-Möhren-Auflauf mit Nüssen 88
Petersilienwurzel-Tortilla mit Schinken 125
Sellerie-Quark-Pflanzerl 121
Wirsing-Quark-Bällchen mit Lardo 102
Ente: Borschtsch mit Entenkeulen 60

F

Feldsalat mit Pastinaken-Kürbiskern-Dressing 16
Fenchel (Info) 8
Fenchel-Spinat-Polenta 120
Fenchelcarpaccio mit Orange 18
Fischfilet: Sauerkrautstrudel mit Fisch und Sauerrahm 91

G

Garnelen: Gemüse-Kokos-Ragout mit Garnelen 68
Gebratener Reis mit Lauch und Chinakohl 141
Gefüllte Äpfel mit Wirsing 78
Gefüllte Zwiebeln mit Bergkäse 74
Gelbe Bete
Gelbe-Bete-Risotto 122
Gemüse-Linsen-Eintopf mit Pfannenfeta 66
Indische Linsensuppe mit Rotkohl und Cranberrys 44
Orientalisches Gelbe-Bete-Püree 35
Pastinaken und Gelbe Beten in Kichererbsenteig 32
Gemüse im Schinkenmantel 88
Gemüse-Kokos-Ragout mit Garnelen 68
Gemüse-Linsen-Eintopf mit Pfannenfeta 66
Gemüse-Tajine mit Kaninchen 142
Gerstensuppe mit Pastinaken 59
Glasierte Schwarzwurzeln 29
Gratinierte Artischocken mit Sardellenbröseln 76
Graupen
Gerstensuppe mit Pastinaken 59
Pilzgraupen mit Chicorée 122
Grünkern mit Pilzen und Spinat 58
Grünkohl (Porträt) 149
Buchweizenspätzle mit Kohl und Bergkäse 92
Grünkohl mit Birnen und Speck 54
Grünkohl-Lasagne mit Salsicce 104
Grünkohl-Malfatti mit Kürbisbutter 132
Grünkohlsalat mit Apfeldressing 150
Grünkohlsuppe mit Hackbällchen 151
Kichererbsen-Curry mit Lauch, Steckrübe und Kohl 116
Gulasch mit Wurzelgemüse 152

H

Hackfleisch
Äpfel mit Kohl-Hackfleisch-Füllung 78
Grünkohlsuppe mit Hackbällchen 151
Huhn
Artischockensalat mit Portulak und Huhn 14
Asiatischer Kohlsalat mit Hühnerstreifen 36
Hühnerbeine auf Wurzelgemüse 99
Hühnertopf mit Kohl und Nudeln 70
Wirsingwickerl mit Huhn und Steinpilzen 144

I

Indische Linsensuppe mit Rotkohl und Cranberrys 44
Ingwer
Asiatischer Kohlsalat mit Hühnerstreifen 36
Chicoréesuppe mit Nusskernen 65
Gebratener Reis mit Lauch und Chinakohl 141

Grünkohlsuppe mit Hackbällchen 151
Hühnerbeine auf Wurzelgemüse 99
Hühnertopf mit Kohl und Nudeln 70
Indische Linsensuppe mit Rotkohl und Cranberrys 44
Kichererbsencurry mit Lauch, Steckrübe und Kohl 116
Kürbissalat mit Chili 30
Lauch-Orangen-Gemüse mit Hirschpflanzerln 147
Pastinaken und Gelbe Beten in Kichererbsenteig 32
Rosenkohl in Currysahne 39
Sobanudelsuppe mit Gemüse und Wasabi 52

J

Joghurt
Pastinaken und Gelbe Beten in Kichererbsenteig 32
Schwarzwurzelsalat 28
Steckrüben-Wedges mit Spinatjoghurt 86

K

Kalbsgulasch mit Schwarzwurzeln 152
Kärntner Kasnudeln mit Steckrüben 134
Kartoffeln
Kartoffelblinis mit Rettich-Apfel-Salat 138
Kartoffeldressing 14
Rosenkohl und Kartoffeln mit Gremolata 56
Senfwürziger Gemüse-Rindfleisch-Topf 110
Käse
Äpfel mit Kohl-Hackfleisch-Füllung 78
Buchweizenspätzle mit Kohl und Bergkäse 92
Chicoréegratin mit Senfsahne 95
Fenchel-Spinat-Polenta 120
Gefüllte Zwiebeln mit Bergkäse 74
Gratinierte Artischocken mit Sardellenbröseln 76
Grünkohl-Lasagne mit Salsicce 104
Grünkohl-Malfatti mit Kürbisbutter 132
Käsesuppe mit Wirsingstreifen 46
Lauch-Käse-Tarteletts mit Zwiebelkonfitüre 24
Minicalzone mit Roter Bete und Ricotta 96
Pastinaken-Möhren-Auflauf mit Nüssen 88
Pilzgraupen mit Chicorée 122
Sellerie-Quark-Pflanzerl 121
Wirsing-Quark-Bällchen mit Lardo 102
Zuckerhut-Quiche mit Mett 84
Kichererbsen-Curry mit Lauch, Steckrübe und Kohl 116
Knollensellerie (Info) 10
Gemüse-Linsen-Eintopf mit Pfannenfeta 66
Gulasch mit Wurzelgemüse 152
Hühnertopf mit Kohl und Nudeln 70
Sellerie-Quark-Pflanzerl 121
Senfwürziger Gemüse-Rindfleisch-Topf 110
Kohl → siehe Rotkohl/Spitzkohl/Weißkohl
Krautfleckerl mit Speck 136
Kürbis (Porträt) 107
Grünkohl-Malfatti mit Kürbisbutter 132
Kürbisfrittes mit Chilitomaten 109
Kürbisbrot mit Apfel-Senf-Butter 112
Kürbiscarpaccio mit Grapefruit 19
Kürbissalat mit Chili 30
Kürbissuppe mit Croûtons 47
Kürbistarte mit Zitrone 108
Lammtopf mit Kürbis und Quitten 154
Ofenkürbis mit Apfeltatar 98
Senfwürziger Gemüse-Rindfleisch-Topf 110

L

Lammtopf mit Kürbis und Quitten 154
Lauch
Gebratener Reis mit Lauch und Chinakohl 141
Gemüse-Linsen-Eintopf mit Pfannenfeta 66
Gerstensuppe mit Pastinaken 59
Gulasch mit Wurzelgemüse 152
Kartoffelblinis mit Rettich-Apfel-Salat 138
Kichererbsen-Curry mit Lauch, Steckrübe und Kohl 116
Lauch-Käse-Tarteletts mit Zwiebelkonfitüre 24
Lauch-Orangen-Gemüse mit Hirschpflanzerln 147
Pastinakencremesuppe mit Chips 42
Petersilienwurzel-Tortilla mit Schinken 125
Rosenkohl in Currysahne 39
Sauerkrautstrudel mit Fisch und Sauerrahm 91
Sobanudelsuppe mit Gemüse und Wasabi 52
Linsen
Gemüse-Linsen-Eintopf mit Pfannenfeta 66
Indische Linsensuppe mit Rotkohl und Cranberrys 44
Linsentopf mit Rotkohl und Kürbis 66
Orientalische Linsen-Spinat-Suppe 44

M

Maronensuppe mit frittierten Chilizwiebeln 48
Meerrettich (Info) 10
Bruschette mit Rosenkohlpüree 23
Hühnertopf mit Kohl und Nudeln 70
Pastinakencremesuppe mit Chips 42
Rote-Bete-Salat mit Matjes 20
Minicalzone mit Roter Bete und Ricotta 96
Möhren (Info) 10
Gemüse-Kokos-Ragout mit Garnelen 68
Gemüse-Tajine mit Kaninchen 142
Gulasch mit Wurzelgemüse 152
Pastinaken-Möhren-Auflauf mit Nüssen 88

N

Nudeln
Bandnudeln mit Wirsing 137
Grünkohl-Lasagne mit Salsicce 104
Hühnertopf mit Kohl und Nudeln 70
Kärntner Kasnudeln mit Steckrüben 134
Krautfleckerl mit Speck 136
Sobanudelsuppe mit Gemüse und Wasabi 52

O

Ofenkürbis mit Apfeltatar 98
Orangen
Fenchelcarpaccio mit Orange 18
Lauch-Orangen-Gemüse mit Hirschpflanzerln 147
Orangen-Kresse-Creme 100
Rotkohl mit Quitten 38
Orientalische Linsen-Spinat-Suppe 44
Orientalisches Gelbe-Bete-Püree 35

P

Panierte Chicoréeviertel mit Speck-Aprikosen 126
Pastinaken (Info) 10
Feldsalat mit Pastinaken-Kürbiskern-Dressing 16
Gemüse-Tajine mit Kaninchen 142
Gerstensuppe mit Pastinaken 59
Gulasch mit Wurzelgemüse 152
Pastinaken und Gelbe Beten in Kichererbsenteig 32

Pastinaken-Möhren-Auflauf mit Nüssen 88
Pastinakencremesuppe mit Chips 42
Sobanudelsuppe mit Gemüse und Wasabi 52
Petersilienwurzeln (Info) 10
Maronensuppe mit frittierten Chilizwiebeln 48
Petersilienwurzel-Käse-Tarteletts 24
Petersilienwurzel-Spinat-Quiche 85
Petersilienwurzel-Tortilla mit Schinken 125
Pilze
Grünkern mit Pilzen und Spinat 58
Pilzgraupen mit Chicorée 122
Sobanudelsuppe mit Gemüse und Wasabi 52
Polenta: Fenchel-Spinat-Polenta 120
Portulak/Winterportulak (Porträt) 81
Artischockensalat mit Portulak und Huhn 14
Portulakpesto 82
Portulaksalat mit Granatapfel 83

Q

Quark
Sellerie-Quark-Pflanzerl 121
Wirsing-Quark-Bällchen mit Lardo 102
Quiche
Petersilienwurzel-Spinat-Quiche 85
Zuckerhut-Quiche mit Mett 84
Quitten
Lammtopf mit Kürbis und Quitten 154
Rotkohl mit Quitten 38

R

Radicchio (Info) 8, 63
Crostini mit Radicchio und Speck 22
Räucherspeck
Crostini mit Radicchio und Speck 22
Gerstensuppe mit Pastinaken 59
Grünkohl mit Birnen und Speck 54
Krautfleckerl mit Speck 136
Kürbiscarpaccio mit Grapefruit 19
Schwarzwurzel-Tarte-Tatin 100
Reis: Gebratener Reis mit Lauch und Chinakohl 141
Rind
Gulasch mit Wurzelgemüse 152
Senfwürziger Gemüse-Rindfleisch-Topf 110
Rosenkohl (Info) 8
Bruschette mit Rosenkohlpüree 23
Buchweizenspätzle mit Kohl und Bergkäse 92
Hühnertopf mit Kohl und Nudeln 70
Rosenkohl in Currysahne 39
Rosenkohl und Kartoffeln mit Gremolata 56
Rosenkohl-Maronen-Topf mit Brätnockerl 56
Senfwürziger Gemüse-Rindfleisch-Topf 110
Rosmarin-Topinambur 131
Rote Bete (Info) 10
Borschtsch mit Entenkeulen 60
Minicalzone mit Roter Bete und Ricotta 96
Rote-Bete-Apfel-Rohkost 31
Rote-Bete-Püree mit Meerrettich 35
Rote-Bete-Salat 121
Rote-Bete-Salat mit Matjes 20
Rote-Bete-Salat mit Walnüssen und Feta 20
Rote Zwiebeln mit Spinatfüllung 74
Rotkohl (Info) 8
Borschtsch mit Entenkeulen 60
Indische Linsensuppe mit Rotkohl und Cranberrys 44
Rotkohl mit Quitten 38

S

Saucen & Co.
Apfel-Zitronen-Dressing 150
Joghurtdip 32
Kartoffeldressing 16
Orangen-Kresse-Creme 100
Pastinaken-Kürbiskern-Dressing 16
Portulakpesto 82
Spinatjoghurt 86
Zwiebelkonfitüre 24
Sauerkraut
Sauerkraut-Sellerie-Gulasch 51
Sauerkrauteintopf mit Schalotten 51
Sauerkrautrohkost mit Trauben 31
Sauerkrautstrudel mit Fisch und Sauerrahm 91
Schafskäse
Gemüse-Linsen-Eintopf mit Pfannenfeta 66
Petersilienwurzel-Spinat-Quiche 85
Schalotten: Sauerkrauteintopf mit Schalotten 51
Schinken
Chicoréegratin mit Senfsahne 95
Gefüllte Zwiebeln mit Bergkäse 74
Petersilienwurzel-Tortilla mit Schinken 125
Schwarzwurzel (Porträt) 27
Glasierte Schwarzwurzeln 29
Schwarzwurzel-Tarte-Tatin 100
Schwarzwurzeln in Bierteig 32
Schwarzwurzelsalat 28
Senfwürziger Gemüse-Rindfleisch-Topf 110
Sellerie-Quark-Pflanzerl 121
Senfwürziger Gemüse-Rindfleisch-Topf 110
Sobanudelsuppe mit Gemüse und Wasabi 52
Spätzle: Buchweizenspätzle mit Kohl und Bergkäse 92
Speck: Panierte Chicoréeviertel mit Speck-Aprikosen 126
Speck/Lardo: Wirsing-Quark-Bällchen mit Lardo 102
Spinat/Wurzel-/Winterspinat
Fenchel-Spinat-Polenta 120
Minicalzone mit Roter Bete und Ricotta 96
Petersilienwurzel-Spinat-Quiche 85
Grünkern mit Pilzen und Spinat 58
Steckrüben-Wedges mit Spinatjoghurt 86
Spitzkohl: Krautfleckerl mit Speck 136
Steckrüben (Info) 10
Kärntner Kasnudeln mit Steckrüben 134
Kichererbsen-Curry mit Lauch, Steckrübe und Kohl 116
Sobanudelsuppe mit Gemüse und Wasabi 52
Steckrüben-Apfel-Gemüse mit Bratwürsten 118
Steckrübenpüree mit Lammkoteletts 118
Steckrüben-Wedges mit Spinatjoghurt 86
Strudel: Sauerkrautstrudel mit Fisch und Sauerrahm 91
Süßsauer-scharfe Nudelsuppe 52

T

Tajine: Gemüse-Tajine mit Kaninchen 142
Tarte
Kürbistarte mit Zitrone 108
Schwarzwurzel-Tarte-Tatin 100
Tarteletts: Lauch-Käse-Tarteletts mit Zwiebelkonfitüre 24
Topfen: Kärntner Kasnudeln mit Steckrüben 134
Topinambur (Porträt) 129
Gemüse-Kokos-Ragout mit Garnelen 68
Gemüse-Tajine mit Kaninchen 142
Rosmarin-Topinambur 131
Topinamburpüree mit schwarzem Sesam 130

Trauben
Lauch-Käse-Tarteletts mit Zwiebelkonfitüre 24
Sauerkrautrohkost mit Trauben 31

W

Weißkohl (Info) 8
Äpfel mit Kohl-Hackfleisch-Füllung 78
Asiatischer Kohlsalat mit Hühnerstreifen 36
Borschtsch mit Entenkeulen 60
Gemüse-Kokos-Ragout mit Garnelen 68
Hühnertopf mit Kohl und Nudeln 70
Krautfleckerl mit Speck 136
Wild
Gemüse-Tajine mit Kaninchen 142
Lauch-Orangen-Gemüse mit Hirschpflanzerln 147
Winterportulak → siehe Portulak
Winterrettich (Info) 10
Gemüse-Kokos-Ragout mit Garnelen 68
Kartoffelblinis mit Rettich-Apfel-Salat 138
Wintersalate (Porträt) 63
Artischockensalat mit Portulak und Huhn 14
Chinakohl mit Chili und Rosinen 64
Chicoréegratin mit Senfsahne 95
Chicoréesuppe mit Nusskernen 65
Crostini mit Radicchio und Speck 22
Feldsalat mit Pastinaken-Kürbiskern-Dressing 16
Panierte Chicoréeviertel mit Speck-Aprikosen 126
Pilzgraupen mit Chicorée 122
Portulakpesto 82
Portulaksalat mit Granatapfel 83
Winterspinat → siehe Spinat
Wirsing (Info) 8
Bandnudeln mit Wirsing 137
Hühnertopf mit Kohl und Nudeln 70
Käsesuppe mit Wirsingstreifen 46
Wirsing-Quark-Bällchen mit Lardo 102
Wirsingwickerl mit Huhn und Steinpilzen 144
Wurzelgemüse, gemischtes: Hühnerbeine auf Wurzelgemüse 99
Wurzelspinat → siehe Spinat

Z

Zuckerhut-Quiche mit Mett 84
Zwiebeln (Info) 10
Lauch-Käse-Tarteletts mit Zwiebelkonfitüre 24
Gefüllte Zwiebeln mit Bergkäse 74
Gulasch mit Wurzelgemüse 152
Maronensuppe mit frittierten Chilizwiebeln 48

VEGETARISCHE REZEPTE AUF EINEN BLICK

B/C

Bruschette mit Rosenkohlpüree 23
Buchweizenspätzle mit Kohl und Bergkäse 92
Chicoréesuppe mit Nusskernen 65
Chinakohl mit Chili und Rosinen 64

F

Feldsalat mit Pastinaken-Kürbiskern-Dressing 14
Fenchel-Spinat-Polenta 120
Fenchelcarpaccio mit Orange 18

G

Gebratener Reis mit Lauch und Chinakohl 141
Gefüllte Äpfel mit Wirsing 78
Gelbe-Bete-Risotto 122
Gemüse-Linsen-Eintopf mit Pfannenfeta 66
Glasierte Schwarzwurzeln 29
Grünkern mit Pilzen und Spinat 58
Grünkohl-Malfatti mit Kürbisbutter 132
Grünkohlsalat mit Apfeldressing 150

I/K

Indische Linsensuppe mit Rotkohl und Cranberrys 44
Kärntner Kasnudeln mit Steckrüben 134
Kartoffelblinis mit Rettich-Apfel-Salat 138
Kartoffeldressing 16
Kartoffel-Sauerkraut-Puffer 138
Käsesuppe mit Wirsingstreifen 46
Kürbisfrittes mit Chilitomaten 109
Kürbisbrot mit Apfel-Senf-Butter 112
Kürbissalat mit Chili 30
Kürbissuppe mit Croûtons 47
Kürbistarte mit Zitrone 108

L/M

Lauch-Käse-Tarteletts mit Zwiebelkonfitüre 24
Linsentopf mit Rotkohl und Kürbis 66
Maronensuppe mit frittierten Chilizwiebeln 48
Minicalzone mit Roter Bete und Ricotta 96

O/P

Ofenkürbis mit Apfeltatar 98
Orangen-Kresse-Creme 100
Orientalische Linsen-Spinat-Suppe 44
Orientalisches Gelbe-Bete-Püree 35
Pastinaken und Gelbe Beten in Kichererbsenteig 32
Pastinaken-Möhren-Auflauf mit Nüssen 88
Pastinakencremesuppe mit Chips 42
Petersilienwurzel-Käse-Tarteletts 24
Petersilienwurzel-Spinat-Quiche 85
Pilzgraupen mit Chicorée 122
Portulakpesto 82
Portulaksalat mit Granatapfel 83

R

Rosenkohl in Currysahne 39
Rosenkohl und Kartoffeln mit Gremolata 56
Rosmarin-Topinambur 131
Rote Zwiebeln mit Spinatfüllung 74
Rote-Bete-Apfel-Rohkost 31
Rote-Bete-Püree mit Meerrettich 35
Rote-Bete-Salat mit Walnüssen und Feta 20
Rotkohl mit Quitten 38

S/T

Sauerkraut-Sellerie-Gulasch 51
Sauerkrautrohkost mit Trauben 31
Schwarzwurzeln in Bierteig 32
Schwarzwurzelsalat 28
Sellerie-Quark-Pflanzerl 121
Sobanudelsuppe mit Gemüse und Wasabi 52
Steckrüben-Wedges mit Spinatjoghurt 86
Süßsauer-scharfe Nudelsuppe 52
Topinamburpüree mit schwarzem Sesam 130

Projektleitung: Melanie Haizmann
Lektorat: Katharina Lisson
Korrektorat: Waltraud Schmidt
Layout, Typografie und Umschlaggestaltung: independent Medien-Design, Horst Moser, München
Herstellung: Sigrid Frank
Satz: Kösel, Krugzell
Reproduktion: Longo AG, Bozen
Druck und Bindung: Firmengruppe APPL, aprinta druck, Wemding
Syndication: www.jalag-syndication.de

ISBN 978-3-8338-3438-7
2. Auflage 2013

www.facebook.com/gu.verlag

Die Autorin

Cornelia Schinharl ist begeisterte Marktbummlerin und lässt sich dort auch in der kalten Jahreszeit vom frischen Gemüseangebot inspirieren. Schon seit vielen Jahren bringt sie ihre kulinarischen Ideen als freie Food-Journalistin und Kochbuchautorin zu Papier und hat dafür bereits zahlreiche Auszeichnungen bekommen.

Der Fotograf

Klaus-Maria Einwanger fotografiert in seiner food art factory im Süden von München und in London Food themen mal stylisch, mal emotional, aber immer voller Atmosphäre. Gemeinsam mit Monika Schuster und Anka Köhler (Foodstyling) sowie Alexandra Holzer (Styling) setzte er auch das Gemüse ins rechte Licht. Um die spä tere Bildbearbeitung kümmerte sich Christian Kempf.

Bildnachweis

Alle Fotos: Klaus-Maria Einwanger;
außer Autorenfoto: privat

QUALITÄTS G|U GARANTIE

Liebe Leserin, lieber Leser,

haben wir Ihre Erwartungen erfüllt? Sind Sie mit diesem Buch zufrieden? Haben Sie weitere Fragen zu diesem Thema? Wir freuen uns auf Ihre Rückmeldung, auf Lob, Kritik und Anregungen, damit wir für Sie immer besser werden können.

GRÄFE UND UNZER Verlag
Leserservice
Postfach 86 03 13
81630 München
E-Mail:
leserservice@graefe-und-unzer.de

Telefon: 00800 / 72 37 33 33*
Telefax: 00800 / 50 12 05 44*
Mo–Do: 8.00–18.00 Uhr
Fr: 8.00–16.00 Uhr
(gebührenfrei in D, A, CH)*

Ihr GRÄFE UND UNZER Verlag
Der erste Ratgeberverlag – seit 1722.

Umwelthinweis:
Dieses Buch ist auf PEFC-zertifiziertem Papier aus nachhaltiger Waldwirtschaft gedruckt.

Backofenhinweis:
Die Backzeiten können je nach Herd variieren. Die Temperaturangaben in diesem Buch beziehen sich auf das Backen im Elektroherd mit Ober- und Unter hitze und können bei Gasherden oder Backen mit Umluft abweichen. Details entnehmen Sie bitte der Gebrauchs anweisung für Ihren Herd.

GRÄFE UND UNZER
Ein Unternehmen der
GANSKE VERLAGSGRUPPE